外国语言文学与文化研究文库

WAIGUO YUYAN WENXUE YU
WENHUA YANJIU WENKU

Research on Conflict Management of Internal Values of
Multinational Corporation in China

在华跨国公司内部价值观冲突管理研究

刘重霄／著

首都经济贸易大学出版社

·北京·

图书在版编目（CIP）数据

在华跨国公司内部价值观冲突管理研究/刘重霄著. --北京：首都经济贸易大学出版社，2017.11

ISBN 978-7-5638-2723-7

Ⅰ.①在… Ⅱ.①刘… Ⅲ.①跨国公司—企业管理—研究—中国 Ⅳ.①F279.247

中国版本图书馆 CIP 数据核字（2017）第 261537 号

在华跨国公司内部价值观冲突管理研究

刘重霄　著

ZAIHUA KUAGUO GONGSI NEIBU JIAZHIGUAN
CHONGTU GUANLI YANJIU

责任编辑	陈雪莲　彭　芳	
封面设计	小　尘	
出版发行	首都经济贸易大学出版社	
地　　址	北京市朝阳区红庙（邮编100026）	
电　　话	(010) 65976483　65065761　65071505（传真）	
网　　址	http：//www.sjmcb.com	
E-mail	publish@ cueb. edu. cn	
经　　销	全国新华书店	
照　　排	北京砚祥志远激光照排技术有限公司	
印　　刷	人民日报印刷厂	
开　　本	710 毫米×1000 毫米　1/16	
字　　数	220 千字	
印　　张	12.5	
版　　次	2017 年 11 月第 1 版　2017 年 11 月第 1 次印刷	
书　　号	ISBN 978-7-5638-2723-7/F·1519	
定　　价	39.00 元	

前　言

　　跨国公司不仅是现代经济的重要载体，还是当代文化传播的主要媒介，更是多元化价值理念交融的现实平台。

　　跨国公司因其"跨"的特征，埋下了"冲突"的伏笔。不同的民族、不同的文化、不同的价值观，在跨国公司这个"巨无霸"中得以物理性混合，进而进行化学性反应，最后达到稳定的融合状态。当然，这一过程简化、理想化了跨国公司内部各种价值观相处的状态，其内部不同价值观的冲突和作用，无论从宏观视角还是微观视角，都具有更为复杂的程序与路径，涉及政府、群体、组织和个人。对跨国公司价值观冲突进行有效管理，是跨国公司得以成功发展的重要环节和关键内容。在华跨国公司因其处于传统文化和新兴文化交织的中国文化背景下，呈现出更加典型的模式。

　　本书分为五章，第一章分析了选题背景及意义、研究的基本问题和定位、研究的方法和思路等；第二章围绕"冲突研究"展开，介绍了冲突的基本内容、冲突理论研究、冲突管理研究等；第三章研究了价值观冲突，涉及文化冲突、价值观研究和价值观冲突研究；第四章研究分析了在华跨国公司内部价值观冲突状况，主要关注跨国公司、跨国公司文化与价值观、跨国公司内部价值观冲突、在华跨国公司中国文化因素以及跨国公司价值观冲突研究存在的问题；第五章是跨国公司价值观冲突管理理论与策略研究，主要围绕企业冲突管理的一般理论与策略、跨国公司多元化价值观和谐体系构建和跨国公司价值观管理体系建构等内容展开。

　　本书对在华跨国公司的发展、中国跨国公司走向世界过程中有效处理价值观冲突问题，具有一定的参考价值。

目　录

第一章 导 言

第一节 选题背景及意义

一、选题的背景

"钓鱼岛"事件和"安倍晋三参拜靖国神社"事件，使得原本敏感的中日关系变得更加紧张。对于世界而言，人们更多关注中日关系持续紧张对世界、亚太地区政治和经济以及中、日两国各个方面的影响；对于中国而言，主要关注下一步应该如何应对突发事件、采取何种策略才会对中国更为有利，怎样才能最大限度地符合中国整体的民族利益（当然，其中也不乏个别思想行为极端者的错误言行）；但对于日本跨国公司在华子公司以及在子公司工作的中国普通员工和管理者而言，他们又该如何考虑、如何应对和行动呢？是以民族大义为首，还是以公司利益为重，抑或唯我独尊？本质上看，这是一个价值观问题。

我们看看来自网上的几则消息：①"在安倍参拜之后，在华大型日资企业高管一直在忙于与日本总部商讨对策"。②"自'钓鱼岛'事件以来，中日的经济关系跌入冰点……少数在华日企考虑撤资，更多在观望"。③"'我们决定不采用日本产品'——离竞标截止还有两三天，东芝解决方案公司突然从一家（中国）企业接到了这样的通知"。④"受中日关系及成本影响，75%的中小企业合作社，已经很难确保雇到足够的中国研修生"。⑤"周正东（化名）在2012年年底选择离开了自己熟悉的尼桑4S店，现在改卖别克了"。⑥一个网友近日发帖，"现在因为钓鱼岛问题，中日关系紧张，如果有日资企业财务经理的机会，各方面也都比较适合，去不去呢？朋友们有什么想法和建议，谢谢大家"。有18位楼主参与讨论，其中：10人坚决支持"去"，占56%；3人"态度犹豫"，占17%；4人坚决"不去"，占22%；1人的回答与主题无关，占0.6%。持支持意见的10人中：8人认为经济和政治无关，应该以个人的职业选择和个人利益为主；1人认为去日企工作并不说明不爱国，假如因此而不去，才是盲目爱国；1人看重日资企业的优越环境。在处于犹豫状态的3人中，都存在"政治大环境对两国经济关系以及公司稳定性影响"的担心和顾虑。持抵制态度的4人中：2人出于大环境的考虑，认为此时去日企对自身发展不利；1人出于对日企本身状况和环境的考虑，认为在日企工作太辛苦；1人发表了对日本政府的看法（具体发言见附录一）。

笔者以为，这里存在几个与"价值观"相关的问题：①个体价值观自身问题。参与讨论的18人中，无论赞同、反对还是犹豫，大部分人认为"政治和经济是两码事"，我们且不谈这种看法和观点本身是否正确，至少没有将"国家利益"纳入考虑范畴，这种价值观是不完善、不成熟或者是狭隘的。而"犹豫"本身恰恰说明个体自身内部不同价值理念间的冲突。②不同个体价值观之间的问题。参与以上讨论的18人大部分为青年（70后、80后，甚至90后，从代表他们的图标和语言推断），假如参与讨论的是中年人或者老年人（60后、50后、40后）呢？（注：尽管跨国公司内部的员工绝大部分为年轻人，但拥有中、老年人思想观点的人并非不存在。）其观点的相左程度不得而知。与此相对，在日本的中国留学生为何放弃在日本国内企业工作的机会？环境和教育背景对价值观的形成和改变具有重要的影响。③个体价值观与组织价值观之间的问题。中日关系紧张，部分日企考虑撤资，它们显然没有考虑中国员工的利益；而在日企工作的中国员工在此刻离职，也没有顾虑到日企的利益。在关键时刻，公司和员工所表现出来的相互离弃行为，恰恰说明了两者价值观之间存在的差异。④不同组织价值观之间的问题。该问题又包含两个层面：母、子公司之间的价值观和在华不同跨国公司之间的价值观。"在华大型日资企业高管一直在忙于与日本总部商讨对策"，这种商讨表面上看是政策的协调，而本质上是价值观之间的协调；"少数撤资，大部分在观望"，同为日本跨国公司的子公司，面临同样的国际大环境，为何有不同的措施？不同的日企具有自己独特的价值观。在这种特殊的境况下，中国企业（国企）拒绝购买日资企业的产品，并不是一般市场经济下的商品购买行为，而是说明跨国公司价值观与本土企业价值观之间存在冲突。⑤组织价值观与国家价值观之间的问题。无论是"钓鱼岛"事件，还是"安倍晋三参拜靖国神社"事件，均是两个国家、两个民族、两个政府之间的冲突，但毫无疑问，这种冲突显然已经影响到了跨国公司。跨国公司决定撤资或者观望，也反映出跨国公司组织价值观与东道国国家价值观之间的矛盾问题。⑥国家价值观之间的问题。纵然"钓鱼岛"属于领土争端，纵然"安倍晋三参拜靖国神社"属于是否尊重历史事实和他国民族感情的问题，但日本的跨国公司、中国的国有企业、中国的本土员工因此被牵涉，其中必然存在两个国家价值观差异和冲突的成分。

可能有人会认为这些其实与价值观并没有什么关联，无论个体员工，还是跨国公司，抑或国家，仅是出于不同的"利益"考虑而已。那么，什么是"利益"？利益与价值观之间存在相关性吗？毋庸置疑，利益就是好处；价值观是一种态度和看法，是一种评价标准。

一般认为，"冲突"产生的最主要原因是"利益之争"，如"分配的不公"，"对他人利益的侵占"，"文化冲突可能只是利益纷争的借口或者导火索"（唐炎钊，2012），"文化经常是政治和个人利益的委婉说法"（Habeck 等，2000），等等。但从其深层次来看，这里面仍然存在价值观问题。一对外国夫妇到西安大雁塔游览，到商品部时售货员向他们兜售一本书。书并没有标价，售货员说该书售价 385 元（凭经验论，此书的实际价值不足售货员要价的 1/10）。陪同外国夫妇游览的中国游客气愤不过，就同售货员争论起来，售货员认为这是"自己人不帮自己人"，骂他是"卖国贼"。外国夫妇并没有同售货员讨价还价，也没有理论，而是非常坦然、爽快地以 385 元的价钱将书买下。后来，中国游客就自己同胞的行为向外国夫妇致歉，外国夫妇却安然一笑。外国夫妇并不是不知道这本书的真实价值，也不是不知道售货员故意抬高了价格，也不是他们非要买这本书不可，这是他们对文化遗产的一种捐赠行为，他们只是想通过这种方式将捐赠行为"隐形化"。这个事件中隐含着"价值观"问题。陪同外国夫妇的中国游客和售货员发生了冲突，是价值观使然，因为中国游客认为外国夫妇的利益受到了损害，他要帮他们讨回公道；外国夫妇没有和售货员发生冲突，也是"价值观"在发挥作用，因为外国夫妇不认为自己的利益受到了损害，这符合他们的利益诉求。这里不讨论外国夫妇的想法和行为是否得当，只想说明"利益"冲突在某种程度上也是"价值观"问题，因为对"利益"的界定因人的看法和态度而异。常人看来，"舍"就是放弃，就是利益的损失；"得"就是获取，就是利益的赚取。但从佛教思想的角度来看，"舍"即是"得"，"得"即是"舍"，也与中国传统文化中的"吃亏是福"同出一理，但与西方市场经济的价值观念大相径庭。

日常生活中这样，跨国公司内部亦如此，无处不存在价值观的问题，无处不存在价值观的差异和冲突问题。

冲突是人之间、组织之间、国家之间进行交往时所存在的一种重要形态。

在国际关系交往中，有政治层面的冲突、经济层面的冲突、军事层面的冲突、社会文化层面的冲突，价值观冲突属于社会文化层面的冲突，但价值观冲突也可能发展成为其他层面的冲突。当今世界的冲突日益表现为由文化和价值观所致的冲突。美国学者亨廷顿曾提出"文明冲突论"的观点，认为"不是经济或意识形态，而是文明将引发人类的不睦和今后的大型冲突。文明是通过文化传统，特别是宗教来定义的"。很显然，文化是文明的重要组成部分，文明的冲突包含文化的冲突和价值观的冲突。但里希特却不认同，他认为亨廷顿是基于错误的假设和概念界定之上得出的这一结论。首先，亨廷顿对于西方文明（欧洲和美国）、伊斯兰文明、儒家文明和拉丁美洲文明的假设性划分早已成为历史，在这个全球化的网络时代，这种阵营思想已不复存在，也不为世人所接受。在经济和环境使得所有国家和民族联系更加紧密的今天，竞争和冲突的确依然存在，但所有关系的核心是相互依存，即便意识形态完全对立的主体之间也不例外。其次，文明的核心不是宗教，简单地用宗教替代文明是概念性错误。在整个世界范围内，数量和影响不断扩大的中产阶级的思想意识已"跨越了文明和文化的界限，超越了宗教信仰的限制，他们更多地关注工作、教育和福利待遇"。与此相似，在人类文明发展的横向坐标中，不同的文化愈发容忍，愈发融合。例如，红极一时的"江南Style"，这一美国和韩国文化的混血儿，却在中国文化中大行其道。

以上两种观点，似乎分别从历史和现在两个时间维度、从冲突与融合两种相反的文化相处方向，对不同文化之间的相处方式进行了论辩。

但什么是文化呢？文化的本质是什么？

我们来看一个跨国公司文化本土化的问题。跨国公司进行域外拓展时，文化"本土化"几乎成为一项达成共识的策略。但跨国公司"本土化"的是什么？作为子公司的运营策略，大部分跨国公司真正实施的文化本土化是"表层"本土化，而非"深层（亦即价值观）"本土化，"价值观"很难"本土化"。正如张明敏在歌曲《我的中国心》中所唱，"洋装虽然穿在身，我心依然是中国心"。"洋装"是文化的一部分，但是属于表层文化，是文化中容易发生改变的部分；而"心"，亦即价值观，是我们文化的基因，是很难改变的。同样，跨国公司的母公司在异国子公司实施"本土化"，很难将其自己的"价值观"本土化。假如真的实施了"价值观"本土化，其子公司将不再是其"子公司"，母、子公司之间不再拥有将之联系或维系的血液（价值观）。美国的"肯德基"在中国也开始卖"油条""豆浆""茶卤蛋"等早餐品种，这的确是"本土化"了，但这是"产品"的本土化，未必一定是价值观的本土化。

如此看来，世界文化的融合目前主要发生在表层文化，而非文化深层的价值观。假如不同的价值观之间不能融合，必将产生抵触和冲突。跨国公司，这一集合了不同的政治、经济、文化等要素于一体的特殊组织，无疑是多种价值观的交汇点。其价值观之间是如何发生冲突的？是否存在解决这一冲突的策略？这也是引发本研究的要点所在。

在文化冲突的范畴内，文化差异是其中的一个因素，特别是在跨文化之间。但是，"个人主义和集体主义、信仰和消费、全球公民和家乡观念之间的紧张关系不仅产生于文明阵营之间，还存在个人内心之中"。在这种现实下，我们不能仅将"价值观冲突"的关注点放在多种不同文化之间的跨文化领域，因为国度、文化的确已经超越了传统的、单一而纯粹的界定，价值观之间的冲突显得更加激烈和复杂。部分非洲国家的内战和种族屠杀、叙利亚国家内战等事实已经从政治角度说明这一状况，跨文化管理中存在同样的问题。

文化内部价值观、组织内部价值观、个人内部价值观的冲突具有时代特征。李光耀在谈到中国经济方式转变时，对比了中国、美国的两种不同消费观对经济发展的影响。中国人在消费上较为保守谨慎，只有对未来具有十分把握时才会花钱；而美国人相对开放大胆，不管未来怎样都会花钱。美国属于低规避性国家，相信将来肯定比现在要好，敢大胆花钱，所以美国的经济增长可以依靠国内消费；而中国长期以来一直凭借廉价劳动力带动经济增长，但这个时期已经过去，中国的经济增长点也落在了国内消费。中国若想靠国内消费拉动经济增长，必须改变"积攒更多的财富、存更多的钱"的生活价值观念，消除"唯恐有一天再度变穷"的恐惧，要相信中国的经济发展会使人们的日子越来越好，要敢于消费。而长期以来形成的"存钱"价值观与现实所要求的"消费"新思维必然产生冲突，无论在大的文化框架内，还是在个人内心世界里。这种冲突是人类发展历史中纵向坐标范畴内的冲突，是在一个文化内不同时代的价值观的冲突。这种冲突并非单一文化发展的结果，而是文化间相互影响的产物。

从社会层面来看，当今社会的主导价值观缺失，核心价值观模糊，多元价值观混杂无序。主体对客体的看法和态度变化不一，错综复杂，组织层面的价值观与其他层面的价值观之间的矛盾和冲突呈现出多样化的态势，而且这种态势已经影响了组织与个体、组织与社会的价值判断和行为规范。在多元化的价值观体系冲突中，如何更好地保障社会的和谐稳定，实现组织有序经营和合理决策，发挥个体价值的最大作用，是价值观理性管理研究的重要任务，也是价值观冲突研究具有时代特征的、亟须解决的课题。

跨国公司作为一个特殊的组织，是时代特征的凝聚和交汇。它凝聚了不同的人，不同的思想观念，不同的思维方式，不同的文化。它是一个特殊的群体，一个特殊的"社会"。表面看来，它一番平和，欣欣向荣；但实际上，国家、组织、个体等不同层次、不同类别的文化交融在这里，使其充满了冲突与较量，暗流涌动。

在华的跨国公司，大部分属于西方国家。从跨国公司的发展历史来看，西方发达资本主义国家是跨国公司的发源地，那么它们必然带有浓厚的西方资本主义文化色彩，西方国家文化所推崇的"人权""民主""自由"等所谓"普适伦理"在西方的跨国公司留下了深深的烙印。但这些价值观，"从它们的历史演变来看，仅仅是西方文化自身演变的结果，而非相异文化体系博弈磨合的成就。这些所谓的'普适伦理价值观'在发生学意义上的地方性，决定了其普适的范围和限度，即它不可能自然就具有与其他素有渊源的历史文化传统或文明体系的天然一致性，甚或相反，而是具有与西方之外的文化价值体系的冲突性质"。这种跨国公司本身所携带的价值观因素，已经对异文化和异国国民带来了价值观上的迷茫和混乱。因为"跨国公司的理性主义价值观，要求公司成员服从于公司的理性，而非国家利益至上的理性"。那么，对于那些穿梭于不同国家的跨国公司及其子公司之间的异国职员来讲，上至经理，下至普通员工，"效忠于跨国公司往往甚于效忠国家或民族"。在这种情境下，若发生两国之间的冲突，就职于跨国公司的员工产生价值观冲突就不难理解了。

中国的传统文化，在一定程度上与西方文化存在冲突。中国文化属于人情文化，西方（这里的西方是"大西方"概念）文化属于契约文化；中国文化强调"情"，西方文化强调"法"。中国是一个注重伦理的国家，"情、理"在人们心中的地位远远高于"法"，万事起于情。中国人为情为义可以不顾一切，因为合理，别人也可以理解并予以支持。在中国古典名著《三国演义》中，曹操败走华容道，关羽不顾国家利益和大局，将曹操放走。从法和制度的角度讲，关羽的行为绝对是违反原则的，但另一方面却又绝对符合中国人的情理观。所以当诸葛亮命令武士将关羽按军令处以斩刑时，刘备和众将一起跪倒为关羽求情，免关羽一死。在关羽被害之后，刘备报仇心切，不顾"汉贼之仇是公，兄弟之仇是私，愿陛下以天下为重"的劝告，下令伐吴。对于蜀国来说，即便伐吴在战略上是一个重大错误，可为守兄弟之情义而置国家利益于不顾也并没有遭到大家的谴责，因为在中国人心中，情义的分量远远大于利益的分量，这是合理的；中国人宁愿废法而重情守理。中国人认为"得人心者得天下"，其实这里的"人心"，就是指人情和事理。用情来感化他人，用义来征服他人，用理来规范他人。这种民族文化已经深深融入民众心中，成为一种民族基因，成了中国人的价值观。这种价值观在普通民众中被称为"够哥们儿""讲义气"，但这种价值观在西方的跨国公司中是否有生存的空间呢？"在这个多元价值共存的时期，作为主流价值观的中国价值观将与西方国家主流价值观、西方跨国公司为代表的市场主体的价值观长期共存。然而中西方的价值观毕竟存在着很大的区别，价值观冲突也就不可避免。"（张劲松，2008）

美国麦肯锡咨询公司归纳了企业管理的 7 个变量：结构、战略、体制、人员、作风、技巧和共有价值观。安东尼·阿索斯和理查德·帕斯卡尔运用以上 7 个变量对比了日本的松下公司和美国的国际电话电报公司，结果发现两个公司的差别在于"管理作风、人事政策和价值观"，共享的价值观是日本企业成功的"秘密武器"，而美国企业中更强调个人价值的实现（林新奇，2004）。

按照中国传统文化，成功的三要素为"天时、地利、人和"，"天时""地利"是自然因素，"人和"是人的因素，而"人和"中重要的一点是"价值观的融合"。联想并购国际商业机器公司（IBM）个人电脑业务之后，中西双方在文化价值观上发生了不可避免的碰撞和冲突，对企业的发展造成了很大的负面影响。联想的"将个人的发展融入企业的长远发展之中"的价值观与 IBM 的"以人为本"的价值观之间存在的差异难以消除，而新的价值观又没有形成，使得并购后公司的发展几近停滞。柳传志将其总结为"公司核心价值观没有建立起来，团队士气不高，尤其是西方团队。这造成了员工打仗犯懒"（易楚君，2010）。

中国，作为世界经济的后起之秀，必将搭乘跨国公司这艘大船航行在全球化的海洋之中。前车之鉴，后事之师。摸清目前在华跨国公司内存在的文化价值观冲突的线路和脉络，对于中国社会的和谐，对于顺利实现经济、管理国际化的梦想，对于中国自己跨国公司的发展，必将起到一定的作用。

二、研究的意义

(一) 理论意义

跨国公司的特征之一就是多元化，员工多元化和文化多元化，二者的交集便是价值观多元化。在某种程度上，多元化意味着差异性，而差异往往会带来冲突。在跨国公司内部，存在着不同层次和不同方面的价值观冲突。就个体价值观而言，跨国公司员工具有特殊的文化身份，他们生存在两种国家文化价值观（被称为两国文化"大使"）、两种组织文化价值观（因子公司实施本土化策略，母、子公司文化多有不同）、多种个体文化价值观的夹缝之间，是一个价值观冲突的集合体。就组织价值观来讲，子公司既要尽量保持与母公司文化价值观的一致性，又要充分考虑与本土文化价值观相适应，而母公司文化价值观与子公司所在的本土文化价值观往往又存在矛盾与冲突，子公司的价值观将是两种文化价值观结合的产物。国家文化价值观的差异，既体现在子公司所在的东道国价值观与母公司所在国价值观之间，也体现在东道国价值观与代表本国利益的母公司价值观之间，还内化在来自不同国家的员工个体价值观之间。以上价值观差异奠定了跨国公司价值观冲突网络的基础。跨国公司作为一个组织，必然拥有自己的组织文化价值观。跨国公司在内部这些不同层次、不同类型、错综复杂、相互冲突的价值观冲突体系中，如何进行调理以建立起自身价值观，并以此来统摄其他价值观，让其他价值观为跨国公司的发展服务呢？按照一般的逻辑，价值观的隶属层次是在个体价值观—组织价值观—国家价值观这个系统中逐级上升的，而跨国公司价值观如何打破一般价值观发展模式，超越国家价值观，形成一个"独立价值观王国"，其中必然存在一种框架或模式。

跨国公司源于西方发达国家，目前世界上主要的跨国公司和在华跨国公司也都根植于西方发达国家。中西方传统文化差异巨大，跨国公司在中国这样一个历史悠久、文化传统深厚的国家落地，使得本就具有潜在复杂的价值观冲突网络特征的跨国公司面临巨大的生存挑战。此外，中国社会的经济体制正处于转型时期，价值观呈现出多元并存和新旧交替的状况，其中，传统价值观、异文化价值观、受西方价值观影响的新生价值观、受社会结构影响的不同阶层群体的价值观、受年龄影响的不同代际价值观相互交织，相互作用。在如此复杂的境况中，在华跨国公司仍能生存下来并快速发展，这说明跨国公司形成了应对内部价值观冲突的科学管理体系。

理顺在华跨国公司内部价值观冲突的脉络，梳理处理价值观冲突的机理和解决策略，探索跨国公司核心价值观构建模式，形成具有指导意义的理论框架，对于跨国公司的发展，特别是中国跨国公司在境外的拓展，无疑具有重要的理论指导意义。

（二）实践意义

当前一些关于中西文化差异的研究是一种"经验式或者传统教育式"分析。例如，张广宁（2011）将合资企业中的中西文化差异归纳为：外方员工比较功利，中方员工讲究道德、伦理。基于传统的文化分析，这似乎是正确的，中国传统文化"重义轻利"，但当今中国人的价值观在很大程度上已经背离传统价值观，至少在跨国公司内部存在这种可能性。首先，跨国公司员工多为80后、90后，他们从社会环境教育中获得的价值观已不是传统的中国文化价值观，而更接近于西方价值观，甚至偏离了传统意义上的西方价值观，中方员工"功利、短视、目标导向性"的价值理念只有更甚之而无不及。其次，"外方员工以个人为本位，中方员工以家族为本位"的结论，也是基于传统的"修身、齐家、治国平天下"的"家国一体化"理念。然而，随着中国社会的转型和发展，"四合院"式"四世同堂"的家族现象已经几近消失，"城乡二元结构"的差距逐步缩小，流动人口数量增大的趋势不减，类似西方社会的"核心家庭"逐渐增多，中国家族观念，甚至"家"的观念较之以前已经淡化许多。相对于西方人的"家庭责任感"和对家庭成员的重视程度，中国人显然更看重自己，而非家人或家族。最后，关于"天人合一"的自然和谐观，就中国目前为了发展经济而对自然环境的破坏而言，很难说还存在"天人合一"的自然和谐观。研究在华跨国公司内部的价值观，必须以当代中国人的价值观为基础。

随着中国经济的快速发展，中国会有越来越多的本土企业发展成为跨国公司。在中国本土企业国际化的过程中，会遇到各种各样的问题，但其中"冲突"问题是影响跨国公司能否成功、持久发展的一个重要问题。"冲突"具有不同的层次和种类，其中又以文化深层因素的价值观冲突为甚。要解决价值观冲突问题，就要找到价值观冲突根源，了解价值观冲突的行为表现，明晰价值观冲突的形成脉络，探讨价值观冲突的解决策略。这样做，一是可以为跨国公司进行内部冲突管理提供依据。通过对跨国公司价值观冲突的深入研究，提出跨国公司内部价值观冲突管理的一般性原则和具体的管理办法。在对跨国公司价值观之间的冲突和矛盾有较为深层次了解的基础上，理清价值观冲突的脉络，生成对冲突管理的动机和动力，并化被动为主动，将价值观冲突发生之后的事后管理、应急式管理变为价值观冲突发生之前的事前管理和预防价值观冲突发生的防范管理。二是可以寻求冲突间的平衡，提高企业绩效。目前针对冲突产生的影响存在三种看法：第一种观点认为冲突会因多种观点的碰撞而点燃创新的火花，提高企业的创造力；第二种观点认为冲突必然会引发矛盾和对立而导致恶性斗争，降低企业的绩效；第三种观点认为两种可能性都存在。前两种看法都属于极端的情况，后一种观点又没有给出两种影响的明显界限。冲突既不会仅产生创造力，也不会只带来矛盾，任何一种冲突都会携带两种因素的成分，如何利用管理的优势发挥冲突的创造力效应，减少矛盾因素的负面影响，就需要在冲突本身的两个所谓极端之间寻求一种平衡，也就是形成一种"和而不同"的文化效应。

第二节　研究的主要问题及研究定位

一、研究的主要问题

本研究的重点主要有四个方面：①研究同一层次或不同层次价值观冲突的关系框架，即跨国公司内部个体价值观、企业价值观、国家价值观之间等同级层面的价值观之间的关系以及不同层面的价值观之间为何会发生冲突、冲突的表现为何、如何冲突的，以及解决冲突的策略。②研究跨国公司内部价值观冲突体系构成。根据跨国公司人员的特殊文化身份构成和由此产生的不同价值观层次，理顺跨国企业价值观的条理和逻辑，明晰价值观之间矛盾产生的基础。③研究跨国公司价值观冲突状态中互动和动态发展变化的路径。④对跨国公司内部多种价值观的共性与差异性进行系统分析，构建一个适合于多种价值观共生的模型，避免价值观冲突所产生的负面影响，对跨国公司价值观进行有效管理。

二、研究定位

跨国公司价值观冲突管理的研究属于冲突管理的研究范畴。多伊奇（Deutsch，1990）认为，冲突研究存在五种层次：第一个层次是自我冲突，即个人内心的内在冲突；第二个层次是人际冲突，即涉及两个个体之间的冲突；第三个层次是群际冲突，即群体间的冲突；第四个层次是组织冲突，即组织间的冲突；第五个层次是国际冲突，即国家或民族间的冲突。本书所研究的跨国企业内部价值观冲突是一种特殊形态，包含自我冲突、人际冲突、组织冲突和交叉冲突等几个层次。

第三节　研究方法和研究思路

一、研究方法

本书的研究针对以上提出的问题，展开相应的理论探索和调查论证，主要采用以下研究方法。

（一）文献研究法

通过阅读大量的国内外有关跨国公司价值观冲突的相关文献资料，充分了解该领域研究的现状和最新成果，并对占有资料进行综合分析，确定本研究的研究视角、方向和内容。

（二）调查问卷

对在华跨国公司价值观冲突的成因、现状、发展、影响设计等问题，通过采用开放式问卷调查、焦点小组讨论以及文本分析的研究方法，得出在华跨国公司内部价值观冲突的概念维度、类型、内容、原因等因素。

二、研究思路

本书在前人关于冲突、跨国公司、文化、价值观等领域研究的基础上，以跨国公司内部价值观冲突为研究视角，通过对跨国公司内部价值观冲突内容、原因、脉络进行分析和梳理，探讨解决跨国公司内部价值观冲突的策略，为我国跨国公司的发展提供思路和借鉴。

第四节　研究的创新

跨国公司存在三个层面的价值观，即员工个体价值观、组织价值观、国家价值观。三种价值观本身和三种价值观之间都可能存在冲突，明晰价值观冲突的脉络，探讨冲突形成的机理，对于解决冲突将起到基础性作用。对于价值观的研究，目前更多的是个体与组织价值观契合研究。即便有冲突方面的研究，也仅限于个体之间、个体与组织之间，鲜有有关个体、组织和国家三者之间的研究。跨国公司的个体具有特殊文化身份，它既指自身，也是跨国公司组织的个体，还是国家的个体；跨国公司是个体的组织，也是国家的组织，更为复杂的是，这里的国家实际上是"两个国家"的概念，即母国公司所在国和东道国。在如此复杂的结构中，个体的价值观、跨国公司组织价值观和国家价值观冲突到底是一种什么关系？对此，国内外鲜有人进行深入研究。本书试图对相关内容进行探讨，如有不当，请读者批评指正。

第二章 冲突研究

第一节 冲突的基本内容

一、冲突的概念

对于"冲突"这一现象，不同的学科和领域有各自的理解和界定，具体内容如表2-1所示。

表2-1 不同学科和领域对"冲突"的理解和界定

社会学	列文（Lewin）	方向相反、强度相等的两种以上力量同时作用于同一个体时的情形
	布朗（Brown）	两个以上的互不相容的动机、目标、态度或反应倾向同时出现的状态
	阿尔科夫（Arkoff）	两种以上行为形态间的竞争
	多伊奇（Deutsch）	行为主体间不相容的活动，由此对一方或者另一方的行为有效性形成损害和阻碍
	琼斯（Jones）	冲突是行为主体在某种特定的条件下被驱动去做两个或多个互不兼容的反应或者行为时所处的矛盾、不和的状态
	沃莱特（Worelt）	个体面临同时存在的反应倾向后果是不确定的或难以区别的情景
管理学	罗宾斯（Robbins）	一种过程，这种过程起始于一方感觉到另一方对自己关心的事情产生消极影响或将要产生消极影响
	金克（Kink）	在任何一个社会环境或过程中，两个以上的共同体被至少一种形式的敌对心理关系或敌对互动所连接的现象
	科泽（Coser）	为了价值和对一定地位、权利、资源争夺以及对立双方为使对方受损或被消灭的斗争

管理学	康戴夫（Condlife）	一种彼此相互或互动的形式，在这种形式中，我们发现我们自己（要么作为个体，要么作为群体）处于某种被觉察到的对我们个人或集体的目标的威胁之下。这些目标通常要涉及人与人之间的需求关系。这些被觉察到的威胁可能是真实的，也可能是想象出来的
组织行为理论	西蒙和马奇（Simon & March）	组织决策标准机制遭到破坏，导致个人或团体陷入难以选择的境地
	潘迪（Pondy）	组织行为的一种动态过程
	托马斯（Thomas）	一方感到另一方损害了或打算损害自己利益时所开始的一个过程
	芬克（Fink）	在任何一个社会环境或过程中两个以上的统一体被至少一种形式的敌对心理关系或敌对互动所联结的现象
	沃尔和卡利斯特（Wall & Callister）	一种过程，在这个过程中，一方感知自己的利益受到另一方的反对或者消极影响
	耶恩（Jehn）	冲突是行为主体的一方感知到与另一方的一种不一致状态，包括双方在观点上的差异和关系上的对立
	巴伦（Baron）	冲突的五要素："零和博弈"双方的不同利益；感知；妨碍自己利益的信念；一个过程；暗示的行动妨碍了目标
	拉希姆（Rahim）	冲突的六条件：需要或利益不一致；行为偏好、满足度不相容；稀缺资源的竞争；价值观、目标等的排斥；排他性行为；相互依赖
	黄培伦	两个不同的行为主体在目的、意见、方法、手段等方面存在分歧而导致相互矛盾、对立的一种状态
	易加斌	两个或两个以上的冲突主体基于冲突客体的差异以及冲突主体对其在情感、利益以及目标等方面所期望的结果和处理方式的不相容、不一致和不调和而引起的矛盾状态和由此发生的行为过程
心理学	《汉语大词典》	争执，争斗，如人与人之间的对立与对抗行为；人们在立场观点、思想感情、情感愿望及利益中的矛盾；矛盾的心理状态
	《牛津双解》	（意见、欲望的）不合、分歧、抵触
	英汉大词典	相反的两个冲动或两个相反愿望之间的对立；内心矛盾引起的苦恼

对于冲突的研究，不同领域的专家和学者有不同的侧重点。有的注重冲突的原因：达伦多夫（Dahrendorf）将冲突的成因归为目标的差异性；伯纳德（Bernard）将其归为心理形态的不同；唐纳森和辛普森（Donalgson & Simpson）认为是利益所致。有的注重冲突的过程：潘迪（Pondy）主张将冲突分为五个阶段，即潜在的冲突、知觉的冲突、感知的冲突、外显的冲突、冲突的结果；托马斯（Thomas）将冲突的过程划分成四个阶段，即潜在反对、认知、个人化行为反应和结果，后来又将该过程修正为冲突的察觉、思想与情绪、意图、行为与结果等阶段；罗宾斯（Robbins）将冲突阶段划分为潜在的对立、认知和个人介入、意图、行为及结果；斯蒂尔斯（Steers）认为，冲突过程表现为破坏或阻滞、对立或僵滞、行动、结果。有的注重冲突的行为与表现：麦克和斯奈德（Mack & Snyder）研究了冲突的外显行为；汤普森（Thompson）研究了冲突所表现出来的敌对行为；科泽（Coser）研究认为，冲突旨在打击或消灭冲突的另一方。无论研究的角度如何，都强调冲突的对抗和斗争的性质。

组织行为学对冲突的理解有狭义和广义之分，广义的冲突包括积极冲突和消极冲突两种，而狭义上仅指消极的冲突。组织行为理论对冲突的研究呈现两个阶段，即早期的人际关系视角和现代的组织理论视角。传统的组织行为理论认为，冲突妨碍了组织的发展和效率的提高，应该通过严格的组织结构，如规则、秩序、统一等管理策略将冲突限制在最低程度。巴贝奇（Babbage）在对劳资关系研究的基础上，提出了解决劳资之间冲突的"利润分享计划"，即工人的工资同企业的利润挂钩，建立奖金制度。该计划使工人的利益和雇主利益一致，避免了劳资之间的利益冲突。泰勒（Taylor）建议，劳资双方不要把关注点放在盈余的分配上，而应把盈余蛋糕做大，努力增加盈余的总量，这就需要通过双方的合作来实现。泰勒试图从两个方面解决劳资冲突：一是通过心理革命促使劳资双方合作，提高劳动生产率，增加资本盈余总量，消除劳资冲突的深层根源；二是通过奖金等物质激励措施激发职工参与企业生产的积极性，解决劳资的表面化冲突。福莱特（Follete）提出了"利益结合原则"，认为通过"退让、胜负斗争、妥协、结合"四种途径可以解决冲突问题。但若采取"退让、胜负斗争、妥协"这三种方式，或者通过强权胁迫冲突的另一方服从而达到自己满足的方式，都只能推迟矛盾的爆发，并不能从根本上解决冲突，只有"结合"才能实现双方的共赢。梅奥（Mayo）通过霍桑实验发现，员工的社会和心理因素是影响企业生产率提高的重要因素，而社会和心理活动导致了"非正式组织"的形成，使企业组织内部的正式组织与非正式组织、员工与领导者之间的冲突浮出水面，深化了组织冲突研究。梅奥将企业组织中管理人员的能力分为技术能力和人际关系能力，管理人员不仅要了解"正式组织的效率逻辑，还要了解非正式组织的感情逻辑，使员工的经济需求与社会需求达到平衡"，避免冲突发生（万涛，2012）。

现代组织理论对冲突的认识发生了根本性改变，认为冲突是组织不可或缺的部分，管理的目的之一就是解决冲突问题。巴纳德（Barnard）从社会学视角研究组织冲突，特别是个人目标同组织目标之间的冲突，认为两者之间互为基础，应将组织需求和个人需求结合起来。巴纳德还研究了道德冲突，认为组织中的道德冲突因员工的级别不同呈现逐级递增的复杂状态，因此应建立一个协作系统，按照一种优先次序来处理组织中的冲突问题。西蒙（Simon）创建了决策理论学派，西蒙和马奇（Simon & March）认为，冲突破坏了组织的决策机制，形成了"不能接受选择、选择结果不确定、不能比较选择"三种状况，导致选择和决策困境产生。此外，韦伯，托马斯，杜布林（Webber，Thomas，DuBrin）等从组织性能角度对冲突进行了研究。德·博诺（De Bono）提出了"confliction"和"de-confliction"两个概念，从"冲突"到"去冲突"的方向性解读了冲突解决的过程。

人们对于冲突内涵的研究经历了一个逐步深化的过程。西蒙和马奇认为，个人或组织面对决策时会有三种境况：已有选择不能满足要求；对选择结果缺乏把握；选择的不可比较性。以上三种境况可能会破坏决策机制，使决策者个体或群体内部产生冲突。具体表现为：①尽管此界定范围有些窄，不能囊括冲突的整体状况，但它明确了个体内心冲突的存在。潘迪认为，冲突的因素潜伏于所有的组织行为之中，是组织行为的一种动态发展过程。所有组织行为的本源都存在冲突的潜在因素或具有冲突的痕迹，只不过是这些潜在因素没有被意识到，或者没有发展到一种对峙的情形，而有的在某些因素的刺激下外显出来而已。②显然，潘迪的界定有泛冲突化的倾向，目前还没有研究证明组织的所有行为都包含冲突的因素。但他从一个动态的角度明确了冲突的特征，认为冲突是一种过程，并将这个过程细化为五个阶段：潜在的冲突（条件）、知觉的冲突（认知）、感觉的冲突（影响）、显现的冲突（行为）、冲突的结果（后果及产生冲突的新的条件）。沃尔和卡利斯特（Wall & Callister）肯定了冲突的过程性，认为冲突包含两个核心要素：感知和利益受损。③从他们的界定中我们可以看出，引发冲突的是一种心理活动，即"感知"。无论"利益受损"这个事实是否存在，一旦被一方"感知"，便会构成冲突的可能性因素；反之，如果"利益受损"没有被感知，即便真正发生了，也不会引发冲突。该理解至少将冲突的研究延伸至"事实存在"和"感知存在"的两种不同状态间存在的差距，与对形成冲突的影响。康戴夫（Condlife）提出了冲突的"假象"成分，引发冲突的潜在因素（比如威胁）可能并非真实存在，但只要被认为存在，就可能导致或形成真实的冲突。④巴伦（Baron）从对其他人关于"冲突"定义的表述和理解层面归纳出了冲突包含五个要素：完全对立或竞争状态下的个体或组织间的不同利益；一种完全意识状态下的关系；怀有对方对自己利益形成损害的一种观念；一种源自相互关系，反映过去交往情景的过程；一方实际行为或潜在行为对另一方目标的实现形成障碍。⑤巴伦对冲突的总结与界定主要关注了冲突动态发生过程中的前期因素和冲突本身，没有涉及冲突的后期影响。冲突来源于相互关系，但最终将携带一定的影响回归相互关系，致使冲突终止，最终产生和谐；或者将双方关系恶化，引发新一轮更激烈的冲突。拉希姆（Rahim）将冲突发生的条件归结为：因个体行为偏好、对稀缺资源需求不能满足而引发的竞争和矛盾；与个人需求和利益不一致的行动；态度、价值观或目标的不一致；排他性心理或行为；双方或多方存在内在联系。⑥拉希姆明确了冲突的基础是"内在联系"，相互联系和相互依存是形成关系的基础，也是冲突赖以存在的根基。没有任何关系的双方不会发生冲突，尽管他们可能存在冲突的潜在因素。他进一步将引发冲突的条件延伸至"价值观"，扩展了冲突的内涵。

二、冲突的本质与内涵

基于对以上"冲突"概念界定的分析，可将冲突的本质归纳为：冲突是一种对立，是主体或主体与主体之间就某一客体在发生关系时所产生的分歧、矛盾乃至对立的状态。冲突具有五个特征：①冲突的普遍性。冲突的核心因素是人，冲突必然是因人而起，有人的地方就可能存在或产生冲突。②冲突主体与客体的复杂性与多样性。冲突的主体可能是个体、群体、组织、国家或民族本身，也可能是它们之中具有某种关系的主体；冲突的客体可能是观点、态度、价值观、权力、利益、目标、方式方法、行为等。就某个体单方面而言，冲突一般表现为矛盾的心理状态。③主体的静态不相容性和差异性是导致冲突的主要原因和必要条件，但非充要条件。冲突的根源在于差异，但冲突又是一种关联和依赖，相互依赖是冲突的基础，没有相互依赖，即便存在差异，也不会产生任何关系，更谈不上对立的关系。对立是在依赖基础上的一种关系变体或深化。④冲突的动态过程性。冲突发生的基础是潜在的冲突因素，如利益的争夺、价值观的分歧、目标的不一致，这些因素在外界环境和主体主观意识的变化和互动中显现出来，才能形成冲突。在这个过程中，"心理感知"和"主观判断"发挥了重要的作用。⑤冲突的破坏性。冲突的表现形式比较激烈，往往会打破常规的模式或规则。

潘迪（1967）认为，在现代企业管理中，对稀缺资源的竞争或争夺是导致冲突的主要原因。很多学者对冲突和竞争两个概念进行了区分（刘炜，2010；万涛，2012），认为尽管二者存在质的区别，但他们也有内在的联系和相互转化的可能性。冲突的层次高于竞争，竞争表现为对立，而冲突表现为敌对。竞争具有独立性，但当竞争活动的独立性消失时，就会转化为冲突。竞争应该在公平的条件下进行，一旦公平的环境发生变化，竞争可能升级为冲突。

三、冲突的种类

冲突是指主体自身、主体之间互不相容的目标认知或情感，并引起对立或不一致的相互作用的任何状态。冲突存在不同的种类和层次，不同的研究视角具有不同的分类方法。从社会学角度而言，存在个体间冲突和群体间冲突；从性质上看，存在政治冲突、经济冲突、思想文化冲突、宗教冲突、种族冲突及民族冲突（国家冲突）。在组织层面，为了使组织有效完成组织目标或满足个人需要，必须建立组织成员间的和谐关系。但个体间存在各种差异，群体间有不同的任务和规范，于是产生相互作用时的不一致或不相容。冲突在组织内是客观存在的。组织行为学将组织内冲突分为三个层次：个体层次冲突、团体层次冲突和组织系统层次冲突。但就跨文化组织而言，存在个体层次冲突、团体层次冲突、组织系统层次冲突和国家层次冲突。

（一）根据冲突的层次划分

1. 个体自身冲突

发展理论认为，世界处于不断发展变化之中，时间、地点、空间等地理环境和文化、传统、制度等社会环境也在不断变化，个人思想、观点、态度等意识形态层面的东西在环境的影响下形成。但其相对于环境来讲，具有相对滞后性，而且一旦形成，便具有稳定性特征，不能与周围环境发展变化同步，导致自身深处固有的思想观念与因现状改变而产生的需求发生冲突。这种冲突将对个体产生两方面的影响：或者刺激个体自身适应环境，改变自己的思想观念；或者使个体自身更加消沉、萎靡不振。

2. 个体间冲突

个体间的冲突包括同级间的横向冲突和上下级间的纵向冲突。个体间性格、价值观、目标等方面的差别将造成工作上的分歧和不一致，并逐渐升级演变成个人间的隔阂和矛盾，形成主观意识上的负面情绪。如果这种负面情绪不能及时、有效地控制或舒缓的话，可能会形成工作中的对抗或不合作，进而引发工作中的冲突，并有可能升级为个人的恩怨与仇恨，最终达到不可化解的程度。在社会关系的所有领域中都不可避免地存在着一定程度的个体间冲突与危机。关键是承认冲突的存在并协商如何解决和处理冲突。

3. 群体间冲突

奥勒沙努和萨拉斯（Orasanu & Salas，1993）将组织内的人群划分为团队和群体，认为团队是由"差异化、相互依赖的成员构成"，而群体则是由"同质可替换的成员构成"（万涛，2012）。本书没有将二者间进行区别，而是将团体融入群体内，对群体进行宏观性的界定。根据正式组织的群体和非正式组织群体的划分，群体间的冲突也分为几种情况：正式组织的群体之间的冲突；非正式组织的群体之间的冲突；正式组织的群体和非正式组织的群体之间的冲突。正式组织群体间冲突的根源主要在于利益的冲突，如任务和待遇分配的不均衡或不公平等。非正式组织群体之间冲突的原因比较复杂，如历史原因，长期以来各种原因造就的个人积怨导致以个人为中心的群体产生积怨，群体间个性与兴趣的差异，等等。正式组织的群体与非正式组织的群体间的冲突主要表现在组织内小团体与群体的对抗。

4. 个体与群体间冲突

群体是一种虚指的综合体，它分为正式组织的群体和非正式组织的群体。正式组织的群体以传统和标准的形式体现；非正式组织的群体以人际关系的形式体现。当个人不能按照正式组织的规章制度行事时，将会与正式组织的群体发生冲突；而个人在人际关系层面不能融入某个群体时，将会产生与非正式群体间的冲突。非正式组织的存在容易导致"公司政治"产生。

5. 组织间冲突

组织间冲突是指在组织间公开表露的敌意和对对方活动的干涉。冲突会妨碍现有组织与人员的运转，但也会促进和推动组织创新。

6. 个体与组织间冲突

组织也是一个虚拟的综合体，其外在形式体现为规章制度、绩效目标等。当个体不能按照组织的规章制度办事，或者个人利益与组织目标不一致时，便会产生个体与组织间的冲突。

（二）根据冲突的成因划分

福赛斯（Forsyth）将冲突成因归为对稀缺资源的竞争、采取有争议的影响策略、冲突双方的人格特质与行为类型三项因素。

拉希姆（1992）和德姆克曼（Dmckman，1993）将冲突划为利益冲突（利益占有倾向的不同）、价值冲突（思想、观点等价值观念的不同）和意见冲突（达到目标的不同方法）。

耶恩（Jehn，1994，1997）基于团队研究，将冲突分为任务冲突（基于工作任务的不同观点、看法和意见）和关系冲突（团队成员在感情上紧张或者对立的情绪与状态），并发现任务冲突和关系冲突的相对程度会影响工作；当任务冲突程度太低时，会因缺乏工作意见交流而使团体思维（group think）增加，造成工作缺乏创新而使绩效表现不佳。罗宾斯在任务冲突和关系冲突之间引入"过程冲突（完成任务中的工作责任和资源分配）"的概念。

艾莱森（Amason，1996）将冲突划分为认知冲突和情感冲突。他在对高级决策团队所做的研究中指出，团队内对任务意见不同所产生的认知冲突对于团体决策绩效会有正面影响，而情感冲突则对绩效产生负面效果。

陈捷（1998）将冲突划分为具体的任务冲突与虚幻的情绪冲突。具体的任务冲突与实际发生的工作和任务相关，在工作层面，因为人们在组织中的地位、角色、思维方式不同，所以会在形成任务或工作的决策和实施方面存在观点或意见的不一致，从而导致冲突；在个人交往层面，因个性、价值观、生活工作方式等生物性和社会性方面的差异，人与人彼此之间可能会存在一种天生的好恶感，这种好恶感会转化为一种负面的情绪，影响工作的效果。

万涛（2012）将冲突分为目标性冲突、认识性冲突和感情性冲突三种。目标性冲突是由目标导向的差异所引发的冲突，认识性冲突是因对某个问题的看法和观念不同而引发的冲突，感情性冲突是由个性和情绪差异导致彼此不相容而引发的冲突。

该方面目前研究的分类基本上都归结于"基于任务的冲突""基于过程的冲突""基于关系的冲突"三种类型。其划分是基于引起冲突的客体之间存在的差异性与冲突主体在情感上出现的矛盾、对立与排斥。

（三）根据冲突的影响和效果划分

从冲突所产生的影响和效果来看，冲突分为具有产生正面影响的积极冲突和产生负面影响的消极冲突。一般认为，积极冲突具有建设性作用，消极冲突具有破坏性作用。对冲突进行判断的标准主要基于两点：①是否能产生创新效应；②是否能推动或促进组织、群体或个人的发展。

（四）根据冲突形成的时间划分

康戴夫根据冲突发生的时间顺序和先后关系将冲突分为潜伏性冲突和外显性冲突。他认为，任何冲突在外显化之前必将存在一定的潜伏期，冲突的各方能明显感觉到这种潜伏的状态和冲突的存在。在遇到某种诱因之后，处于潜伏状态的冲突将会外显。

（五）根据冲突发生的方式划分

冲突的发生具有不同表现的方式，有的冲突具有隐性冲突的性质和特征，如"不配合工作""故意降低工作效率""以暗示或潜在的方式对组织或他人个体进行负面的宣传"等；有的冲突具有显性冲突的性质和特征，如"恶性争吵""打架""罢工"等。"潜伏性冲突和外显性冲突"针对的是同一冲突主体，而"隐性冲突与显性冲突"针对的是不同冲突主体。

（六）根据主体实施冲突的目的划分

科赛将冲突分为现实性冲突和非现实性冲突两种类型。前者是指"为了达到某种特定目标而作为手段的一种冲突形式，冲突带有很强工具性质和目的取向"；后者是指"至少冲突一方为释放紧张状态而发起的冲突，冲突本身就是一种目的，除了冲突对象可以变化外，冲突本身没有其他互动形式可以替代"。

四、冲突的原因

发生冲突的原因非常复杂，既有生物社会方面的，也有结构方面的，还有观念形态方面的。人的生物性特征同时显示为多样性和差异性，这是冲突的基础因素。社会中权力、地位等稀缺资源的不平等是形成冲突的根本动力。人们之间的政治意识、文化环境和信仰之间的不同是冲突的后天因素。韦滕和卡梅伦（Wetten & Cameron）将冲突的原因归纳为：因文化、社会环境、家庭传统和个人成长经历而形成的个体间的差异；组织内部的信息沟通障碍；个人在组织中的角色和发挥的功能不匹配；组织工作环境的压力。

心理契约理论认为，在人们进行交往时，各方之间存在一种不成文的暗示或相互期望，这便是心理契约。和谐关系的建立以心理契约为基础，违反心理契约原则将会引发冲突，其原因在于：交往各方不清楚自己的期望，也不愿探究对方的期望；假定另外一方和自己拥有同样的期望。

五、冲突的过程

托马斯（1976）认为，冲突过程可以分解为挫折期、认知期、行为期和结果期四个阶段。托马斯和罗杰（Thomas & Roger，1989）认为，冲突的结果可以引发新一轮的冲突循环。潘迪提出冲突五阶段模式，即潜在的冲突、知觉的冲突、感觉的冲突、显现的冲突和冲突的结果。罗宾斯（1996）也提出了冲突过程中的五个阶段：潜在的对立阶段、认知介入（消极情绪和积极情绪）和个性化阶段（个人情感介入）、行为意向阶段、冲突的爆发阶段、冲突的结束阶段。

六、冲突的作用和功能

文卡特拉曼和拉马克里希南（Venkatraman & Ramanujam，1986）认为，组织绩效含有三方面的内容：财务绩效，经营绩效和组织效果。财务绩效的状况一般用投资报酬率、销售增长率、利润率、盈余率等指标衡量；经营绩效的状况一般用市场占有率、产品创新、品质等非财务指标来表示；组织效果一般通过"员工满意度"这个参数来衡量。员工满意度是"人本管理"的体现，将"员工的满意程度"作为一个组织绩效的衡量指标，体现出组织对员工、员工工作、员工个体之间以及员工与组织间关系的重视。员工满意度与组织承诺、组织公民行为、对权威的评价等几个因素共同构成组织效果评价的重要参数体系。员工满意度与组织的和谐度之间存在正相关关系，与冲突之间存在负相关关系。员工的"满意"与"不满意"都是一种精神状态，而"冲突"，无论是隐性的还是显性的，都是"不满意"精神状态下产生的一种直接或间接行为。对于员工满意度的实证研究，往往应用量表法，如明尼苏达工作满意调查表、洛克工作满意度量表。

罗宾斯（2005）将"冲突对组织绩效整体状况的影响研究"方面的观点归为三类：第一种观点认为，冲突具有破坏性，意味着组织内系统混乱，功能失调。冲突的对立面是合作，合作将产生协同效应，即 $1+1>2$，冲突将产生"内损效应"，即 $1+1<1$。冲突非但不能实现协同效应、叠加效应，甚至不能实现自身本应发挥的作用或价值。这是因为，冲突（这里指负面的冲突，或者说带来负面效应的冲突）将使自身承担一定的压力，特别是精神压力。精神压力将导致情绪紧张和焦虑，影响工作状态，降低工作效率。同时，负面情绪具有传染性，会在组织部门蔓延，影响整个系统的状态。

第二种观点认为，组织内冲突不可避免，群体冲突具有推动组织发展、提高组织绩效的潜在可能性。对于群体冲突而言，冲突必然会加剧冲突双方之间的矛盾，但同时也会加强冲突双方各自的内部团结。当面对共同的敌人或实现同一个目标时，组织内部的矛盾或分歧将被暂时掩盖或搁置，甚至可以忽略不计。

第三种观点认为，适度的冲突能保证组织的创新力和生命力。这种观点并不否认冲突给组织带来的消极作用，但同时也承认冲突与创新之间的相关性，认为冲突的根源在于差异，差异性是创新的基础，而随波逐流式的趋同或完全的一致将导致产生危险的片面性。该观点倡导应对冲突进行积极主动的管理，并形成了解决冲突的两种研究思路：信息处理法和冲突类型法。信息处理法认为，冲突与认知适应性、创造性思维和问题解决能力之间呈现一种"倒 U 形"关系。冲突类型法则首先将冲突进行了类型区分，从任务性冲突和情绪性冲突两个角度探讨冲突与绩效的关系。该理论认为，情绪性冲突将影响任务的完成，从而降低组织绩效；任务性冲突则可以激发多样性的思维方式，提高决策的质量。此外，适度的冲突还可以完善员工的认知，提高决策质量。在没有冲突的情况下，一切都处于稳态、协调的平衡状态之中，员工的认知完全是单方面的，很难意识到来自对立面的意见和看法，由此而形成的决策也可能是片面的。但冲突的发生必然打破均衡的状态，使得员工意识到或者发现不同意见或看法的存在，进而对以前的决策进行深层次的思考，并有可能纳入异质的成分，改善和提高决策质量。

七、冲突的结果

冲突形成之后不会长时间保持在一成不变的状态中，要么向深层次发展，表现为升级；要么逐渐缓和与弱化，表现为消减。

普鲁伊特，鲁宾和金（Pruitt，Rubin & Kim）归纳总结了三种社会冲突升级的模型：进攻—防御模型，为了获取利益而主动发起进攻导致冲突发生；冲突—螺旋模型，包括报复性螺旋和防御性螺旋，指呈螺旋式升级的冲突；结构变化模型，围绕组织结构而发生的冲突。

当冲突的成本超出双方或者一方的承受限度时，冲突的程度将会自然消减，表现为双方的相互妥协或者一方的退让。导致冲突发生与消减的原因未必相同。

第二节　冲突理论研究

一、冲突的相关理论

冲突理论的研究涉及多个学科和领域，如哲学、社会学、心理学、组织行为学等，冲突理论体系的构建和完善也必须不断借鉴这些学科研究的成果。

（一）物理学冲突理论

物理学冲突理论又称耗散结构理论，该理论认为，系统内部有序的平衡与无序非平衡之间相互影响，相互转换。要想实现系统的动态有序平衡，首先要有一个远离有序平衡的耗散结构，冲突为这种结构的形成提供了原动力。一旦耗散结构形成，冲突又会对这种结构产生冲击，迫使这种结构解体，并向趋于有序的平衡结构运动。与系统内部的组织关系结构相一致，该运动的序列呈现非线性的特点。

（二）社会学冲突理论

反对结构功能主义认为，冲突是带动社会发展的原动力。社会的冲突和不协调是一种常态，社会并非处于稳态静止的平衡状态，而是永远处于一种"冲突—变革—稳定—发展—再冲突"的不均衡的循环之中。冲突和斗争是形成不均衡体系的基础，也是社会变迁和发展的源泉。人们不要期望探索一种理论或者策略去消除冲突，而是应该将关注点放到如何使冲突朝利好的方向发展，减少冲突带来的不利影响。

（三）行为学冲突理论

行为学冲突理论以组织为研究对象，认为冲突主要源自因主体间存在差异而产生分歧、对资源和利益的争夺，由此而产生的矛盾；冲突是一种客观存在，具有建设性和破坏性两面性；管理者应尽量减少和控制破坏性冲突的影响，利用调节机制将冲突保持在适当、平衡的水平。

（四）心理学冲突理论

从心理学角度进行的研究主要关注冲突现象的主观层面，认为冲突是主体间的观点、需要、欲望或利益要求不兼容而引起的一种激烈斗争。人们从心理动力学角度将冲突划分为四种类型：因多目标选择性竞争引发的"趋—趋冲突"、单目标既吸引又排斥引发的"趋—避冲突"、因多目标选择性排斥引发的"避—避冲突"、多目标既吸引又排斥引发的"双趋—避冲突"。

在西方学术界，心理学冲突研究始于 20 世纪 20 年代，并以 20 世纪 60 年代为界分为前、后两个阶段，20 世纪 60 年代以前的心理学冲突研究主要存在的理论观点和模型为：①本能论。麦独孤（Mcdougall）认为，本能是人的行为的原动力，人类的冲突行为皆本能使然。但"本能"概念并没有明晰后天培养与遗传因素间的界限，容易造成"本能"万能论，不具有学术研究的应用价值。弗洛伊德（Freud）对本能的作用机制进行了研究，认为本能具有"力量、目标、对象和源泉"四个特征，本能是根据内心超我和现实状况满足本我的一种驱力。人类的冲突来源于表述内心需求的愿望（驱力）和对来自社会道德束缚（超我）或外部世界限制的顾虑或恐惧。②驱力理论模型：由于本能论本身存在的不足（Ounlap，1919；Kuo，1924；Bernard，1924），驱力理论应运而生（Woodsworth，1918；Hull，1943；Miller，1944；Sawre Eisz，1956）。驱力是由于心理不平衡而产生的目标导向性行为，该行为的终极目标是达到内心平衡状态，它是内在需求的一种外在表征。矢量是驱力的核心概念，代表其方向和强度。一种驱力产生一种行为，若方向相同的话，多种驱力将产生合力，使行为主体按照合力的方向移动；但强度相当、方向相反的两种驱力将会引发心理冲突。③交错力场理论模型。列文（Lewin，1931）提出了效价合力的概念，认为效价合力是构成各种可能选择目标的决定因素。成功的经验具有正效价，潜在的失败具有负效价。对于任何一种可选择的目标，都会存在趋正避负的意愿和正负之间的冲突。任何一种思想意识和行为动态都会涉及许多相互竞争的作用力，每种作用力都有迫使受体朝自己力的方向发展运动的倾向。力的受体必须与一种或多种不同的力进行斗争而形成一个特定的场区域，称之为交错力场。选择意味着比较，在交错力场中，最大的合成趋向力才具有被选的可能。④期望—价值理论。驱力理论强调行为产生的内在因素，但诱因（即外部刺激）也是行为产生的主要因素。诱因有积极诱因和消极诱因之分。期望—价值理论是一种动机认知理论，该理论对冲突的研究基于两种假设：一是个体了解自己的有效目标，并能够根据目标实现的可能性及目标的主观价值进行选择；一是可供选择的目标的多样性和差异性。

20世纪60年代以后，认知心理学介入动机领域，拓宽了心理学冲突研究的视野，主要理论观点和模型为：①认知不协调理论。观念冲突是心理冲突中最为常见的一种冲突。观念是态度、目标、价值观等心理活动的认知表征。弗斯汀格（Festinger）认为人们在认知中往往寻求某种一致性以求得内心的平和，认知的分歧会导致心理上产生不协调，推动个体重新建构认知。认知是个体对环境、他人以及自身行为的看法和态度，构成认知结构的元素之间存在协调、不协调和不相关三种关系。该理论从个体内部层次探寻冲突产生的机制，为观念性冲突的研究奠定了基础。以此为基础，海德（Heider，1946）提出了平衡论，劳特巴赫（Lauterbach，1996）对个体内部冲突进行了深化研究。②"自我不一致"与目标冲突理论。施特劳曼（Straumann，1991）认为，个体的自我表征包括主体自我和他观自我两大认知范畴，其中，主体自我包括现实的自我、理想的自我和应然的自我；他观自我包括他观现实的自我、他观理想的自我和他观应然的自我。在这6种形式中，由于现实的自我与不现实的自我之间存在不一致，进而会引发冲突。谢尔顿和卡塞（Sheldon & Kasser，1995）在此基础上提出了目标冲突理论，认为个体内部冲突是由于所追求的目标之间的复杂关系所致。③社会文化理论模型。霍尼（Horney，1939）认为，社会文化和周围环境（包括内部环境和外部环境）对个体的价值观、态度、行为方式等有着重要的影响。社会文化本身具有矛盾倾向。在西方社会文化中，人类文明教化所形成的谦让容忍的传统文化理念与竞争博弈、适者生存的社会现实之间的矛盾，人类物质需求的无限性与自然和社会资源的有限性供给之间的矛盾，个体对自由的追求和崇尚与各种限制因素之间的矛盾，这三种矛盾是个体产生冲突的文化基础。霍尼的社会文化理论突破了本能论的局限，但在社会文化所应该发挥的作用和具体措施方面没有提出具体的要求。

本书的研究内容是价值观冲突，而价值观冲突属于观念冲突的一种，所以本书将采用观念冲突理论模型。

二、冲突理论研究发展概况

（一）国外理论研究发展概况

冲突理论的研究与发展经历了三个阶段：①第一阶段为 19 世纪末到 20 世纪 40 年代中期，即传统冲突理论阶段。该阶段的主流观点为，冲突会破坏协调，使双方产生隔阂，降低成员满意度，降低组织凝聚力。冲突只会产生不利影响，应尽可能消除冲突（March & Simon，1958；Pondy，1967；Blake & Mouton，1984；Schweiger，Sandberg & Rechner，1986，Hikson，1986；Schweiger & Sandberg，1991）。该观点主要基于冲突与组织绩效相关性得出的。耶恩（1995）研究发现，无论是在团队成员的个体层面，还是在整个团队层面，关系冲突对团队成员的个体绩效和整体团队绩效都有负面的影响。多伊奇（1973）指出，由于组织内存在着无法相容的行动，所以就产生了冲突，这种无法相容的行为会严重地影响、妨碍组织的运行，干扰组织效益的实现。西蒙和彼得森（Simon & Peterson，2000）在总结国外冲突的结果后认为，关系冲突对团队决策绩效有很大的负面影响。②第二阶段为 20 世纪 40 年代到 70 年代中期，即人际关系理论阶段。该阶段的主要观点为，冲突是一种客观存在，具有一定的必然性，应该接纳冲突。③第三阶段为 20 世纪 70 年代中期，即冲突的正、负影响互相作用理论阶段。该阶段的主流观点认为，冲突对组织管理会产生负面影响，但同时也是进行创新和创造的基础性条件；任何事物都具有两面性，冲突也必然会存在正、负两方面的影响，管理者的任务是维持适度的冲突。艾莱森和施魏格尔（Amason & Schweiger，1994）发现，团队成员间的冲突对组织绩效具有双重作用，即提升组织绩效，但降低组织凝聚力。

（二）国内理论研究发展概况

在国内，关于心理冲突的研究起始于 20 世纪 90 年代，专家学者从不同的视角、层面对心理冲突的原因、内容、类型和特点进行了研究分析。张积家（1992）将心理冲突分为三种类型：内部需求之间、外部需求之间、内部需求与外部限制之间。心理冲突的内部因素是个体的身心发展变化，外部因素是个体所面临的社会问题，情绪活动则是引发冲突的直接原因。冲突会导致两种截然不同的状态。肖海燕（1994）将心理冲突划分为理想化与现实感之间、开放与封闭之间、个体需要与社会需要之间三种冲突类型，认为不断发展变化的心理需求与原始的心理状态是形成心理冲突的主要原因。黄牧怡（2000）认为，社会因素和个体因素是导致心理冲突的两大基本因素，并将心理冲突具体归因于情感与理智、物质与精神、现实与期望之间的矛盾。郎淳刚等（2007）认为，关系冲突和任务冲突都对决策满意度有负面影响，在任务冲突和决策满意度之间，关系冲突有中介作用。

三、冲突的研究方法

冲突问题的研究大致分为两部分：描述性研究和诊断性研究。前者关注对冲突参与者的分析和应该采取的解决方案与实际行动，侧重于冲突管理研究；后者则注重应用现代技术或计算推理的方式对冲突进行理性分析，侧重于冲突及管理模型的研究。简单来说，前者为定性分析，后者为定量研究。以此为基础，形成了认知方法论和博弈论两种主要的研究方法。

（1）认知方法论。该方法主要用来研究冲突的认知过程，目前存在两个研究方向：一是组织效率与冲突的数量和水平；二是人际关系的冲突模式。

（2）博弈论。诺依曼和摩根斯顿（Neuman & Morgenstern）将博弈论引入冲突研究，为冲突分析提供了一种数学模型，预测冲突行为。该模式研究一般需要经过几个步骤：首先建立数学模型；其次进行系统分析；再次利用计算机进行求解；最后得出研究结论。

第三节　冲突管理研究

一、冲突管理理论的发展

特纳（Turner）将冲突管理理论研究分为两类：辩证冲突论和功能冲突论（万涛，2012）。辩证冲突论的代表人物达伦多夫认为，"社会分化与社会变迁随着社会支配者和受支配者的角色循环更替而进行"。辩证冲突论的主要观点包括：权力、资源、利益的分配不均是引发冲突的主要根源；社会冲突无法避免；冲突是社会发展变迁的主要动力因素。功能冲突论认为，冲突存在两大功能：破坏功能和建设功能。该理论的代表人物科泽认为，冲突发生何种功能取决于两个因素：冲突的主题内容和参与冲突的社会主体结构。

（一）西方早期冲突管理研究

1. 科学管理理论

泰勒的科学管理提出了"精神革命"的问题，承认雇主与雇员的利益一致性。认为在企业追求利润和发展事业与员工追求待遇和实现个人价值等因素上存在交集，如通过友好合作可以达到相互提升，增加双方满意度。

2. 管理的"14项原则"

法约尔提出了针对纪律、报酬、人际关系等方面的14项管理原则，强调报酬分配的公平性和集体利益至上原则。报酬的分配首先要考虑到员工的最低生活消费和企业的经营状况这些现实因素，又要设计差异化的报酬奖励以激发员工工作动力，还要顾及差异的适度性。个人不能仅考虑自己的个人利益，还要维护组织的团结和整体利益。

3. 思想行政组织体系

韦伯认为，管理的实质为"依据知识和事实进行的控制"，因此主张建立"高度结构化、正式的、非人格化的'思想行政组织体系'"，以此来提高生产率。

4. 人际关系管理

梅奥通过霍桑实验发现了企业中非正式组织的存在，提出了"社会人"的假设，认为工作中的人际关系是影响生产率的最重要因素。"社会人"假设使人们更为关注人的思想意识、心理和行为，拓宽了冲突管理的研究范围。

（二）西方近代冲突管理研究

经过科学管理、行为管理之后，网络信息技术进入管理理论，并与系统论、心理学、博弈论和现代数学相结合，推动管理科学进入现代管理丛林。以下学派为主要的现代管理学派。

1. 社会合作系统学派

巴纳德认为，人与人之间的关系构成了社会系统，体现了人们在意见、愿望和思想之间的一种合作关系。管理的作用就是将物质因素（资产、设备等）、人力因素（抽象的生物人）和社会因素（态度、感情和信息）进行有效融合以适应社会合作系统。社会系统存在的决定因素是不同因素间协作的效果、效率和环境。

2. 管理科学学派

管理科学学派的代表人伯法认为，管理科学的实质就是运用计算机技术，通过数量分析，减少决策风险，提高决策质量。

3. 决策理论学派

决策理论学派的代表人物西蒙提出了"管理人"的假设，认为管理的关键在于决策，而通过运用系统理论、运筹学和计算机科学等方面的知识和理论，可以形成由过程、准则、类型和方法组成的较为完整的理论体系。

4. 权变理论学派

权变即根据形势的变化而随机应变。权变理论学派认为没有普适的、最佳的、统一的管理模式，任何组织管理都要根据组织内部和外部环境的变化而调整自己的管理模式和原则。

5. 经验学派

经验学派的代表人物德鲁克认为，实践是管理的基础，也是管理的归宿，管理的根本在于实践。该学派倡导目标管理。

6. 行为学派

行为学派从人际关系和人的行为与动机之间的关系等角度研究管理问题，认为处理人际关系是管理者的重要技能之一。布莱克和穆顿的"管理方格理论"便是该学派的重要理论之一。

7. 过程学派

过程学派认为，管理的计划、组织、人事、领导、控制等过程性因素是管理中不可分割的部分，管理实践的理论、原则和方法通过有效整合构成管理学科的完整体系，对这个体系运行规则进行研究，可以指导管理实践。

西方近代管理已经意识到冲突存在的必然性和冲突管理研究的重要性，认识到冲突可能带来正、负两方面的影响，并认识到了冲突和组织绩效之间的关系。

（三）国内的冲突管理研究

中国对冲突的研究起步较晚。20 世纪 80 年代，香港和台湾地区的学者进行了组织冲突方面的研究。例如：陈鸿义认为，组织中缺乏冲突容易导致集体思维，适度冲突有助于推动组织发展和进步；邱毅指出，适度的冲突可以使组织保持活力和创造力，但过度的冲突会造成组织资源的浪费。大陆学者也开展了相关研究。例如：李占祥首次提出使用矛盾的分析方法研究管理问题的思想；卢盛中从组织行为学的理论与实践角度、梁钧平从人力资源管理角度、徐笑君从国有企业部门冲突管理角度、李丹福从组织冲突管理角度进行了定性分析和研究；刘洪从经济冲突的理论、方法与应用、陈晓东从企业冲突机理交易行为、张光雄从风险冲突分析的模型、胡平从冲突的方法等不同方面进行了冲突的定量研究。

二、冲突管理的理论模型与策略

冲突管理的目标不是完全消除冲突，而是及时发现并识别冲突，找到冲突产生的根源，将冲突控制在合适水平之内，使冲突的存在不仅不会危及组织的存在与发展，而且还会有利于组织目标的实现。冲突管理的关键在于建立既得利益者或潜在利益者的共识，使冲突各方建立交集，即同意彼此同意的事物（agree to agree）。若不能产生交集，双方就要同意所不同意的事物（agree to disagree）。

针对冲突的解决，目前存在以下策略模型。

（一）冲突管理的一维模型

福莱特（Follett，1926）将冲突管理划分为控制、妥协与合作三种方式；多伊奇（1973）将冲突管理划分为竞争与合作两种方式。

（二）冲突管理的二维模型

布莱克和穆顿（Blake & Mouton，1970）的管理方格理论提出了冲突管理的两个维度，即"关心人"与"关心生产"，并在此基础上建立了冲突管理的二维模型，进而归纳了五种冲突的管理方式：竞争、合作、妥协、逃避、宽容。他们认为，在冲突解决实践中，应根据具体的情境、冲突的根源、组织文化、冲突的性质来选择不同的解决策略。

托马斯和基尔曼（Thomas & Kilmann，1977）修订了管理方格理论，认为处理冲突的前提是要确定选择"关心别人"还是"关心自己"，基于此提出五种不同的冲突处理策略，即压倒策略、回避策略、妥协策略、迁就策略和合作策略。这些策略适用于不同的冲突或者同一冲突的不同发展阶段，策略选择的关键是时机和情境。压倒策略是一种强势和垄断策略，将自己的利益置于他人利益之上，为了实现自己的利益，不惜牺牲他人的利益。不以合作为行事原则，以制服、压倒对方为最终目的，本质上属于恶性竞争。回避策略是一种"冷处理"策略，对于双方的冲突采取冷淡的态度，既不积极解决冲突，也不故意激化冲突，任之自由发展，不做任何干预。妥协策略是一种"互让的谅解"策略，出于合作与退让的中间状态，双方都做出一定的让步。迁就策略是"单方退让"策略，一方迁就对方的利益，将对方的利益置于自己的利益之上，以换取他人的满足。该策略可能出于"退一步海阔天空"的忍让心理，也可能是"以退为进"的进攻策略。合作策略是一种双赢策略，双方以共同利益为出发点，在地位平等、相互信任的基础上，讲求双方的合作共赢，既不以牺牲对方利益来换取自己的利益，也不以牺牲自己的利益来满足对方。

拉希姆（1983）基于个体在冲突情境中"满足个人需要"与"满足他人需要"两个维度，提出了整合、克制、强制、回避、妥协等几种冲突管理策略，并对这些策略的有效和无效情景进行了分析，认为个体实际的冲突反应模式与应该做出的冲突模式之间存在一定的差别。

胡巍（2009）也提出了处理冲突的五种策略：暴力（其性质为对抗的、武断的和挑衅的，适用于紧急、快速决策关头，面临重要但不受欢迎的行动、对待企图利用你的人和影响重大的事情时）、回避（其性质为不合作、不武断，否认问题的存在；解决冲突带来的损失大于收益，适用于双方情绪激动、为获得更多信息时）、迁就（其性质为宽容但略显软弱；承认自己的不足和对方的长处，着眼将来，认为和谐比分裂更重要）、协作（其性质为耗时长，不适用于解决思想方面的冲突；认为双方利益都重要，不能折中，需要从不同角度解决问题）、妥协（适用于非原则性问题，进行中等程度的合作；双方势均力敌，作为协作与竞争方法失败后的预备措施，以及面对时间压力而采取的措施）。

（三）冲突管理的三维模型

尼科泰拉（Nicotera，1993）提出了冲突管理的三个维度：关心他人、关心自己和理性破坏。

爱德勒提出了解决跨文化冲突的三种模式：第一种是"凌越"，即在组织中某种文化超越其他文化，成为组织中的主导文化，决定该组织的管理决策和管理职能。这种模式掩盖了矛盾，短期内压制了冲突的爆发，但并不能避免冲突。第二种是"妥协"，即组织内的不同文化间的容忍或让步，该模式的前提是组织内的文化相似度高，差别小。第三种是"协同"，组织成员承认并尊重文化差异，取长补短，协同形成一种新的文化。

进行冲突管理策略的选择和应用，要基于具体的因素分析。

三、冲突管理的影响因素

（一）冲突管理方式的影响因素

有些专家认为，冲突管理方式的选择和偏好与个人特征（包括如人口统计变量因素等外在特征和如个性、价值观等内在特征）有关。莱昂和岩胁（Leung & Iwawaki，1988）认为，个体在面对不同个体间、组织内和国家间等不同层次和方面的冲突时，表现出较为一致的管理风格。拉希姆等认为，测量工具可以帮助人们进行最佳管理方式的选择。沃尔和卡利斯特（Wall & Callister，1995）对测度冲突管理方式的技术进行了总结，发现基尔曼和托马斯的 MODE（Management Of Differences Exercise）和拉希姆的 ROCI（Rahim Organizational Conflict Inventory）两种工具应用最为广泛。人口统计变量、个性和文化价值观等因素一般作为管理方式选择和预测的影响因素。人口统计学变量可以分解为性别、年龄和经历等方面，在性别与冲突管理方式的关系研究中，尽管有关于后天社会化形成的性别角色和生理角色比较的研究结果，有性别对不同冲突管理决策选择的结果，但因受到所选择研究样本的区域、教育程度等其他变量的影响，这些研究并没有达成一致性结论（Crave & Barnes）。在年龄与冲突管理方式的关系研究中，同一工作情境中代际年龄差距（代沟）是导致冲突的主要原因，不同年龄阶段的个体之间在冲突管理方式的选择上也存在差距（Sujansky，2004）。在个性方面，查宁和施内尔（Chanin & Schneer，1984）研究发现，个性与人际冲突管理方式之间具有相关性；斯普肯（Zikin，1987）研究发现，外控个性与非面对面冲突管理策略呈正相关关系；斯坦伯格和索里安（Sternberg & Sorian）研究发现，冲突管理方式的选择与个体的智力和个性相关。科斯塔和麦凯里（Costa & McCare）提出了五大个性模型，随后一些专家就宜人性程度与冲突管理方式之间的关系进行了研究（Graziano & Jenses，Campbell & Hair，1996）。

但也有些专家认为，人们对冲突管理方式的选择与个性特征无关，而是与情境相关。托马斯认为，冲突管理策略的选择取决于复杂的情境因素，并提出了紧要性程度、地位或权力的不对等性、对方的侵略性意图归因三个影响冲突管理的情境因素。紧要性程度是指"冲突情境中的问题对冲突双方的影响以及必须寻得冲突解决方案时的紧迫程度"；地位或权力的不对等性被认为在冲突管理策略上具有缓冲作用（Drory & Ritow，1997；Lee，1990），ROCI - II 量表中针对上级、同级、下级的三份量表，测试不同级别和地位的个体对冲突管理方式的选择；对方侵略性意图的归因将影响敌意行为的形成，引发冲突一方对另一方的报复行为。侵略性意图归因的高低程度与竞争性行为和合作性行为有关。马瑟（Musser）研究了高风险冲突情境下的冲突管理策略选择。弗里德曼（Fridman）研究发现，冲突方之间关系的紧密程度对冲突管理策略的选择会产生影响。

还有一些专家认为，个人特质和情境两个因素对冲突管理策略的选择都有影响。斯坦伯格和索里安综合了这两个因素进行研究。迈克尔（Michael，1977）研究发现，个人特质与情境存在交互作用的关系，在弱情境下个人特质对冲突管理策略具有更强的预测作用。肯里克和丰德（Kenrick & Funder，1991）则认为，情境因素具有更为显著的预测作用，而个人特质仅在特定情境中发挥作用。

（二）冲突管理策略决策影响因素

1. 情景因素

情景因素包括冲突的内容、冲突双方的地位、冲突双方关系的紧密程度等。冲突内容主要涉及有关待遇分配、晋升晋级的利益分配的任务冲突和有关问题认知的情感冲突。

2. 层级因素

双方的层级地位关系决定了冲突的方向。层级地位相同的双方发生的冲突属于横向的水平冲突，往往通过双方妥协的策略解决冲突问题；层级地位不同的双方发生的冲突属于纵向的垂直冲突，往往通过退让或进攻的策略解决冲突问题。

3. 关系因素

双方关系包括两个纬度。一是前后的时间维度，即冲突发生之前相处的时间长短和冲突发生之后关系可能持续的时间；二是关系的深厚维度。在中国的文化背景下，"面子"观念在人际关系中发挥着重要的作用。如果相处时间长、关系深厚，那么即便双方存在一些矛盾或冲突，也"抹不开面子，撕不破脸皮"。因此，双方的冲突将属于温和型、隐性的冲突，冲突的解决策略倾向于"双赢"的博弈策略或者相互妥协的策略。假如双方相处的时间并不长，而且以后合作关系继续的可能性也不大，双方关系的紧密程度也不高，这样就不存在一个"面子"问题，那么冲突爆发会很激烈，冲突解决的策略也将属于压倒型或退让型。

第三章 价值观冲突研究

第一节 文化研究

一、一般文化研究

（一）文化概念界定

文化（culture）一词起源于拉丁文，原意指人类的农业耕种、培育等活动，或发展成人的培养、教化等人类自我改造提升行为。克罗伯和帕森（Kroeber & Parson，1958）将文化界定为传播和创造的价值观、思想和象征意义体系的内容，泰勒和伯纳特（Tylor & Edward Bernatt）认为，文化或文明是一个包括知识、信仰、艺术、道德、法律、习俗以及作为一个社会成员所习得的其他社会能力和习惯的复合体。本尼迪克特认为，文化是一个民族表现出来的、用以区别于其他民族的思维和行动方式。克拉克恩（Kluckhohn，1961）在对多种文化定义进行研究的基础上，提出了自己的理解，认为：文化是某个人类群体独特的生活方式和整套的生存样式，它由外显的和内隐的两部分组成，其行为模式通过象征符号而获致并进行传递；文化的核心部分是历史传承或选择的观念和在此基础上形成的价值判断标准；文化既是活动的结果与产物，也是推动新活动发生的决定因素。在管理学中，文化通常是指某一系列的价值观或行为规范。霍夫斯泰德（Hofstede，1980）将文化界定为"在一个环境中的人的共同的心理程序"。文化是一个群体特征，是具有相同状况的群体所共有的一种心理程序。心理程序即思维模式，是在多年的生活、工作和教育下形成的，因此，不同国家、不同地域、不同群体的心理程序存在差异。文化包含价值观体系，价值观是文化的基础。沙因（Schein，1985）认为，文化是在"解决外部适应和内部整合"问题时形成的一套基本假设。巴哈特（Bhagat）将文化定义为"由规范、角色、信仰系统、法律条文和价值观等构成的意义整合体"，并从四个主要维度进行了解构：人、观念和行为；与工作相关的价值观的差异；过程与目标；信息加工的抽象性与联想性。特里安迪斯（Triandis）将文化定义为"一种较为深奥和相对丰富的结构，它解释未明确的假设、价值观、规范、意义、构想、符号、仪式、生活哲理、股市等诸多议题"。唐炎钊等（2012）认为，文化是人类在社会历史实践中形成的人们共享的"基本假设、价值观体系和习惯化的行为方式"，并通过物质财富体现出来，为社会成员所接受并代代相传。文化包含三个要点：群体认同性；基本假设、价值观和行为规范三要素；三要素的多层面、多特质系列。文化是独特的，具有稀缺性、不可模仿性的特点和鲜明的路径依赖。文化具有特定的价值。阎世平（2003）认为，民族的文化特质与该民族民众所从事的生产活动相关，对于某些行业，有些民族特别擅长，而其他民族则未必适合。顾卫平和薛求知（2004）对德国民族、美国民族和日本民族在生产实践中分别表现出来的精益求精和责任感、创新和包容精神、坚持和团队精神从民族本源进行了研究。蔡安迪斯提出的文化特性包括文化的复杂程度、严格和宽松、个人主义和集体主义。

（二）文化的层次

1. 文化内涵分析

（1）文化二分法。根据科特和赫斯克特（Kotter & Heskett）的研究，组织文化又可分为两个层面：易觉察的表层文化和不易觉察的深层文化。表层文化可能是一种仪式、一种标识、一种氛围，体现组织的行为方式或者经营风格。它能够迅速地被人感知，也相对容易改变。深层文化是指组织的价值观，是组织成员认识和处理组织事务的标准和原则。这两种文化相互依托，前者是后者的形式，后者是前者的本质。

（2）同心圆说的三层次分法。持该类分法的学者一般认为，文化可以分为外围、中层和内核三个部分。沙因将组织文化分为三个层次：第一层是器物层面。其主要是指一些物化或者人为的文化象征，如服饰、语言、标识、行为、风格等，这些东西可以让我们感知组织的文化氛围。第二层是价值观。它是一种基于潜在信仰的价值判断，渗透在重要的组织活动中。第三层是假设。它是一种更为深层次的信仰，它不仅给组织成员提供思维模式，还指导他们的行为，它是组织文化的内在核心。琼潘纳斯（Tromperaars，1993）将文化分为外层、中层与核心层。外层是指易观察到的显性的部分，如语言、建筑、市场、艺术等；中层是价值观和规范，判断"好坏是非"的标准；核心层是指存在的假设，即如何保持生存的根本方式。舒特（Schutte，1998）将文化分为可见的行动，价值观、信念、偏好和规范，基本假设三个层次。施耐德和巴苏科斯（Scneider & Barsoux，2002）将文化分为人造制品和行为、信仰和价值观、基本假设三个层次。但奥赖利（O'Really）指出，在实际研究中，鉴于价值观能够通过理论和方法上的反复鉴定，在概念界定和测量上具有可操作性，为了研究的便利，研究者应该将价值观作为组织文化的核心进行研究。所有组织表征的东西都可以归结到价值观上来。维纳（Wiener）认为，作为组织成员期待和组织规范的基础，价值观具有外在适应和内部整合的功能，是组织文化的内涵所在。塔伊布（Tayeb）认为，在跨文化研究中，至少存在三个文化层面的问题：①在文化价值观上，不同的社会之间存在差异；②由于潜在价值观的差异，即便在相同的环境下，不同的文化群体也会有不同的行为表现；③在塑造组织与个人行为上，文化发挥着重要作用。

范徵（2004）认为，文化差异表现在三个层次上：表现层、价值观层和假设层。平时体会或发现的同一种现象，既可能是企业的根本假设，也可能是价值观或者表象。

（3）文化其他层次分类理论。美国心理学家麦克里兰（McClelland，1973）提出了素质"冰山模型"，而文化与此具有相似的结构特征。水面之上部分为文化的器物层面，水面之下为价值观等核心观念体系。在管理中，冰山之下的隐含部分最为关键，通过它可以预测文化个体的行为倾向和可能导致的结果。博亚特兹（Boyatzis，1982）提出了文化素质的洋葱模型，认为文化系统也如洋葱一般具有较为分明的层次。

2. 文化领域分析

叶生将文化分为五大层次：世界文化、民族文化、行业文化、区域文化和职业文化。

徐尚昆（2011）将文化分为三个层次：最高层面的文化为国家文化。第二层次的文化是亚文化，以性别、职业、区域、产业等为划分标准。每一种亚文化都具有独特的语言、符号、规则等特征。第三层次的文化为组织文化。每个组织都具有自己的价值取向、语言符号、行为风格等。

唐炎钊等（2012）将文化分为三个领域：民族文化、商业文化和企业文化。在这三个领域当中，民族文化影响和决定着该地区的商业文化，企业文化是在民族文化和商业文化的大环境下形成并发展的。民族文化涉及某国家或民族成员对人与人之间、人与自然之间、时间观念等社会生活方面的观点和看法，其影响存在于人的潜意识之中，更多涉及价值观层面，较少涉及物质与行为。民族文化较为稳定，洛朗（Laurent）从冰山理论层面对此进行了解释，在没有巨大外力撞击的情况下，显露于水面之上的部分可以融化，水面之下的部分却可以保存持久。特普斯特拉和戴维（Terpstra & David，1991）认为，商业文化是在民族文化的背景下形成的，代表与经营相关的准则、价值观和信念，指导人们进行商业行为。商业文化是民族文化在商业领域内的反映和体现，是该领域内所有从事商业活动应该遵守和信奉的商业法则和经济伦理。企业文化是一个企业组织在经营中形成的、为大多数员工认可的价值观和行为规范，其影响一般仅存在于企业内部，较少从社会层面得到积极回应，很难形成企业特有的核心假设（唐炎钊，2012）。西方对企业文化研究的对象很多是在市场经济中发展并生存下来的、有着悠久历史的"老店"，只有它们才具有可以代代相传的共有假设。一般的企业特别是在中国文化背景下成长起来的企业，自身历史较短，而民族文化历史较长，民族文化中的核心假设往往通过企业创始人与领导集团的假设和理念嵌入组织之中，企业文化更多关注价值观与物化行为层面。民族文化、商业文化和企业文化三个层次在经营管理活动中分别具有不同的作用层面：民族文化主要作用于核心假设层面和价值观体系层面；商业文化的分析则着眼于价值观体系层面和行为模式层面；企业文化主要涉及价值观和行为模式。这样来看，价值观层面的问题是文化领域不同层面均能涉及的问题，也是文化研究的核心问题。

纳尔逊和高普兰（Nelson & Gopalan，2003）为了进行地域文化和组织文化的对比，提出了文化测量系统，将文化解构为四个维度（如表3－1所示）。

表3－1 文化的四个维度

文化维度一级指标	文化维度二级指标
工作或任务	努力程度
	工作时间
	完成状况
	工作质量

续表

文化维度一级指标	文化维度二级指标
关系	影响
	同感（移情）
	社交能力
	忠诚
控制	权利
	政治
思维	抽象思维
	计划
	解释力
	灵活性

二、具体文化研究

（一）国家文化研究

1. 国家文化概念

国家文化，亦被称为"民族文化"，霍夫斯泰德将其界定为"集体心理程序（collective mental programming）""特定环境中人们共同的思维模式和行为方式"。霍夫斯泰德（1980，1991）在对 IBM 分布在 40 个国家和地区的 11.6 万名员工进行了文化调查，在此基础上提出了国家文化五个维度：个人主义/集体主义（individualism/collectivism），即组织成员对个人利益和集体利益的不同的关注程度；权力距离（power distance），即组织成员对权力分配不公的容忍程度；男性度/女性度（masculinity/femininity），即表明性别对一个社会中男性和女性扮演什么角色的决定程度；不确定性的规避（uncertainty avoidance），即组织内的员工对不确定事件的接受程度；长期导向/短期导向（long‑term/short‑term），即组织成员对时间的重视程度。该研究也因其静态性、研究对象和研究样本的局限性以及研究内容的局限性而引发了质疑（Braun & Warner，2000；Bond，1989）。

克拉克恩和斯乔贝克（Kluckhohn & Strodtbeck，1961）从文化人类学视角提出了与自然的关系（征服、臣服、和谐相处）、普遍的人性（性善论、性恶论、中性/混合论）、时间取向（注重现在、重视过去、重视未来）、空间取向（公共空间、隐私空间、混合空间）、行为取向（行动、存在、自制）和人们之间的关系（个人主义、集体主义、等级关系）六大价值取向理论，形成了文化六向量价值取向模型。

琼潘纳斯（1993，1998）提出了文化架构理论，认为跨文化要素包括地位、成熟、归属、时间、情感性、特殊性、弥漫性等，将民族文化差异描述为三个方面的问题，即与他人的关系、对时间的态度、对空间的态度，并将这三个方面的问题细化为七个维度，即普遍性（规则意识和制度导向）/特殊性（注重"关系"，决策和计划依据情景因素进行调整）、个人主义（自我取向）/集体主义（群体取向）、情感内敛（善于控制情感，不轻易表达）/情感外露（倾向情感自然表露）、具体性（将私人生活空间和工作空间分开）/扩散性（没有独立的私人生活空间，私人生活空间和工作空间交叠）、成就（成就决定社会地位和认可度，强调"做了什么"）/归因（家庭背景、社会关系、年龄等外在因素决定社会地位，强调"是什么"）、长期导向（注重未来）/短期导向（注重现在）、自然内控（让环境为自己服务）/自然外控（适应环境），并对这七对完全对立的文化倾向构建了调和模型，认为只有当对立的文化实现良性循环时，才能达到任何一种单一文化都无法企及的新高度。

霍皮（Hoppe）等人提出了文化七维度模型，包括身份的来源和表达（sourse and experience of identity）（集体，强调整体；个体，强调自身）、权威的来源和表达（sourse and experience of authority）（努力工作，生而平等；与生俱来，先天决定）、成就的手段和目标（means and goals of achievement）（温和，工作为了生活；严厉，为工作而生活）、对不确定性和变化的反应（response to uncertainty and change）（动态，惯于变化；稳定，惯于稳定）、获得知识的方式（means of knowledge acquisition）（观察思考；行动实践）、时间导向（orientation to time）（时间稀缺，时间线性；时间充足，时间环行）、对自然环境和社会环境的反应（response to natural and social environment）（存在，和谐；行动，控制）。

瑞尔斯通（Ralston，1993）基于西方管理价值观的基础上开发了文化价值测量维度：马基雅维利主义（machiavellianism）、教条主义（dogmatism）、控制点（focus of control）和模糊忍受度（tolerance of ambiguity）。

邦德（Bond，1987）在对中国人价值观调查的基础上提出了中国文化四维度：儒家思想（confucian dynamism）、人情观念（human heartedness）、整体一致（integration）、道德规范（moral discipline）。儒家思想强调社会结构的有序性，利用人们对社会地位的尊崇理顺人际关系；人情是指人之间的感情，中国人以"善良、谦逊"为美德；整体一致是指对别人的容忍力；道德规范是指"适度、谨慎和适应力"。

豪斯（House）等人提出跨文化要素涉及的维度：绩效导向、未来导向、人员导向、性别平等、权利距离、制度集体主义、团体集体主义、风险避免性等等。

施瓦兹（Schwartz，1992）认为，文化要素包括自我表现导向、激励、快乐主义、成就、权力、安全、归属、传统、精神、仁爱和世界主义。

宝贡敏（1999）提出跨文化的理论框架：竞争导向、合作导向、风险态度、自然力、社会力/精神力、理性逻辑/情感、机械化/军事化、时间倾向。

黎永泰，黎伟提出了MRRTA跨文化维度方法：管理导向（人治/法治）、风险偏好（强/弱）、责任主体导向（集体/个人）、思维习惯（演绎/归纳）成就导向（绩效/因袭）。

范徵（2004）在莱恩和迪斯泰法诺（Lane & DiStefano）所开发的文化六维度基础上提出了七种基本的文化倾向：世界观（人与自然间存在三种价值取向：听命型、协调型和驾驭型）、人生观（人本性的价值取向：性善论、性恶论和中性论）、人际关系（人对别人应负责任与承担义务的价值取向：个人主义、集体主义和等级主义）、行为方式（人们行为的价值取向：生活型、工作型和自我控制型）、思维方式（思维习惯、推理方式和解决问题的途径：直线思维、曲线思维和折线思维）、空间（人之间的空间与心理距离：隐私、公开与半公开）和时间（时间观念与对时间重视程度的价值取向：过去导向、现在导向与未来导向）。

唐炎钊（2012）将民族文化分为三个层次16个维度：核心层（基本假设），包括对人性的基本态度，人与环境的关系，时间取向，空间取向，地点倾向，关系、思维方式；中间层（价值观体系）；表层（器物及行为）。

文化具有群体性、过程互动性、抽象性（涉及思想观念、理想信念、价值观等难以观测的因素）、开放性和继承性、民族性和差异性五个方面的内涵特征以及基本假设、价值观体系和行为模式三个层级结构。在基本假设层面，张新胜认为，基本假设是关于"生存"的假设，罗森斯基（Rosinski，2006）认为，基本假设涉及"时间和空间"两个维度，即人对时间的看法和人与自然的关系。施耐德和巴苏科斯（1997）设计了国家文化假设框架，该框架包含三个方面的内容：外部适应性（与自然控制关系、人类行为的本质、现实与事实的本质）、内部集成化（人之本性、人群关系的本质）和联系假设（空间、语言、时间）。唐炎钊（2012）归纳出进行中西文化对比研究的七个方面：人与环境的关系，包括天人合一的自然和谐观/人定胜天的主宰自然观；时间取向，包括长期导向，弹性时间/短期导向，计划缜密；人性观，包括性善论/性恶论；行动取向，包括重视存在，关系导向/注重行动，法律导向；人与人之间关系，等级观，集体本位/平等观，个人本位；空间取向，包括公共空间/隐私空间；思维方式，包括归纳、整体性思维/推理、结构性思维。

2. 国家文化分类

霍尔（Hall，1976）在对不同的文化交流风格研究的基础上提出了高情境文化（high - context culture）/低情境文化（low - context culture）理论，认为跨文化要素包括：沟通的信息（大部分内容不清晰/大部分内容清晰）、信息的理解（重视"情景"/重视"内容"）、上下级关系（上级对下级行为负责/下级对自身承担相应责任）、协议形式（口头协议/书面协议）、人际信任（以信任为基础，"圈内人"与"圈外人"之分/以法律为基础，"圈内人"与"圈外人"区分不明显）、时间观念要素（不重视时间，但拘泥于形式/重视时间，不拘泥于形式）。所谓高情境文化，是指在进行文化传播时，大部分信息内含于物质情境或信息发出者自身，而非通过编码传递的信息；与此相反，低情境文化是指信息通过情境来传递，较少隐含于情境或交流双方的默契中。

莱维斯（Lewis，1996）依据人们对时间的不同看法和态度将文化分为单线活动型文化、多线活动型文化和反应型文化，依据收集资料所采用的方法将文化分为资料中心型文化、对话中心型文化和倾听型文化，并发现单线活动型/资料中心型、多线活动型/对话中心型、反应型/倾听型之间存在相关性。单线活动文化、多线活动文化的概念源于霍尔（1976）所提出的单向性时间（monochromic time schedule）和多向性时间（polychromic time schedule），如表3－2所示。

表3－2　单向性时间和多向性时间

	单向性时间（monochromic time schedule）	多向性时间（polychromic time schedule）
效率	一次仅做一件事	同时做几件事
专注度	注意力集中	注意力分散

续表

	单向性时间（monochromic time schedule）	多向性时间（polychromic time schedule）
计划性	时间刚性，严格遵守时间承诺	时间弹性，可随时改变计划
持久性	关系持续短暂	关系持续长久
客观性	关注现在，不考虑过去和未来	过去、现在和未来可以融合
生命特征	产品具有生命周期	产品具有遗传基因
核心内容	关注工作	关注人和关系

立普楚特（Leaptrott，1996）将文化分为三种类型，即部落主义型、集体主义型和多元主义型，大部分文化属于多元主义型，少部分文化属于混合型。

密斯安纳（Missana，2011）将文化划分为单一时间模式和多元时间模式、高领土权和低领土权。

达凌顿（Darlington，1996）总结了20世纪60—90年代民族文化研究的视角、方法与启示，如表3-3所示。

表3-3　20世纪60—90年代民族文化研究的视角、方法与启示

研究人员	研究视角	研究方法	研究启示
霍夫斯泰德（Hofstede，1982，1991）	行为差异	工作相关价值观调查	独特的民族文化
琼潘纳斯（Trompenaars，1984），特纳和琼潘纳斯（Turner & Tropenaars，1993）	行为差异	价值取向和两难推理法	独特的民族文化
莱森和纽鲍尔（Lessem & Neubauer，1994）	哲学差异的多重层面	社会文化和社会结构比较性调查	欧盟的四种管理系统
邦索斯（Bonthous，1994）	智能系统类型	偏好风格的比较分析	获取风格间平衡以避免组织学习障碍
塞伊德（Said，1991，1994）	民族文学	文本风格与内容的比较分析	欣赏差异，文化是组织过程的一部分
塔伊布（Tayeb，1988，1994）	民族/公司	文学、文化和工作态度调查	文化原因模型
马兹纳维斯克（Maznevski，1994）	价值取向差异	价值取向；绩效评估的培训干预	协同优势整合模型

研究人员	研究视角	研究方法	研究启示
斯特凡诺和雷恩（Stefano & Lane, 1992）	价值取向差异	案例/文献研究	有效全球管理介绍
阿德勒（Adler, 1991）	组织行为学/HR 出版物的趋势	文献研究	跨文化中文化的地位；学术/专业团队的领导能力
赫勒和维尔珀特（Heller & Wilpert, 1981）	参与管理	问卷调查	决策与权力转移效应的方法
劳伦洛朗（Laurent, 1983）	隐性理论	问卷调查	权威系统组织

资料来源：Joynt P, Warner M. Managing across cultures: issues and perspectives [M]. London: International Thompson, 1996.

（二）跨文化（管理）研究

1. 跨文化理论

文化差异和文化冲突催生了跨文化管理理论的发展，形成了三个主要流派：文化维度流派、个性特征流派和文化标准事件流派。

与跨国文化管理密切相关的理论则主要由荷兰学者霍夫斯泰德和特罗姆佩纳斯提出，并受到广泛应用。特罗姆佩纳斯从霍夫斯泰德对文化的界定出发，提出了文化五维度系统：人导向性/集体导向性、中立性/情感性、普遍主义/特定主义、具体性/扩散性和业绩导向/因袭导向。其与霍夫斯泰德的观点基本一致。

约恩特和华纳（Joynt & Warner）提出了介于单一文化管理和跨文化管理、多元文化管理之间的文化间管理的概念，构建了文化间管理概念树模型，该模型在树根（萌生文化灵感的根基，表达对现实不满的媒介）、树干（文化或社会的结构）和树叶（文化外延的迹象）三部分的支撑架构下，由四个横向维度和三个纵向维度的具体内容相互交叉组建而成（林新奇，2004）。纵向维度包括：维度一，艺术、哲学、概念、态度；维度二，形象、思想、框架、核心态度；维度三，宗教、政策、机构、行为。横向维度包括：维度一，艺术、形象、宗教；维度二，哲学、思想、政策；维度三，概念、框架、机构；维度四，态度、核心态度、行为。

德尼森（Denison）在总结了企业文化的四种特性和十二种企业管理实践

的基础上，创建了德尼森跨文化管理模式。

国内学者范徵（2004）研究了跨文化管理中的文化差异成本与跨文化交易成本，从额外的时间、努力、注意力的付出所带来的成本视角，分析了战略伙伴的文化类型中同类文化组合、相对文化组合、坦率度相同组合以及反应度相同组合，总结了两种文化关联作用下的三种情况以及相应的跨文化管理策略：文化平行/并存；文化交叉/融合；文化包含/覆盖。从跨国公司核心能力培育的高度，建构了跨文化核心能力体系（由人力、技术、组织、客户、社会等知识资本构成的能力要件的向心运动的系统学习），基于核心能力罗盘的价值创造（寻求跨文化共性：求同存异；利益关联；独立负责）、可延展性（文化平行；并存：控股——地方化、文化包含；覆盖：购并——全球化、文化交叉；融合：联盟——全球地方化）、难以模仿的整合（全球化与地方化的平衡能力：适应程度把握、战略性差异把握、第三种文化把握）和自学习性（跨文化培训：情感分析类型、精神认知类型、行为实践类型）等四种机制，分析了跨文化能力的价值创造机制。

赵曙明（1994）研究了国际企业跨文化管理体系。胡军（1995）研究了管理中的文化问题，提出了跨文化管理体系。余凯成（2000）研究了跨文化人力资源管理。张新胜（2002）从国际管理学的视角，研究了跨文化组织的沟通、激励与领导。俞文钊（1996）分析了跨文化管理的两种效能方式：方式一为移植方式，意味着僵化和低效失败；方式二为嫁接方式，意味着活力和高效成功。

跨文化研究发现，霍夫斯泰德的国家文化模型对文化进行了细化与测量，更有助于分析文化差异现象，清楚地解释文化差异背后的逻辑和理性。

2. 跨文化假设

跨文化管理以不同文化体系的假设为基础，关注各国文化的异同及由此产生的行为价值特征。林新奇（2004）认为，跨文化管理中的文化假设存在两个陷阱：相似点假设和相异点假设。例如，人们会假设英美之间存在高度的文化相似性，也会假设中西方之间存在水火不容、不可调和的差异性。

欧美文化大部分以基督教为源头，其企业文化突出个人价值，强调竞争意识，坚持雇佣理念，淡漠人情往来。日本文化无论从文化渊源还是从文化内核来看，都与欧美文化相去甚远，但在企业管理的实际操作层面，也并非没有相通之处。以人力资源管理流程中的选、用、育、留、裁等环节为例，对其相似与相异性进行分析，如表 3 - 4 所示。

表 3 - 4　欧美企业与日本企业比较

	美 国	欧 洲	日 本
选人	以战略导向的职位分析为基础、以需求计划为依据、以岗位的能力要求为标准、以经济形势为参照、以双方自由选择为原则、以法律和契约为保障	以内部招聘为主、外部招聘为辅的方式，大多数职位都从内部基层员工中招聘，个别职位来自于劳动力市场。招聘中注重心理测试和面谈	以高校招聘为主、重视素质、学历和毕业院校、招聘程序严格、内定
用人	以能力为核心、细化岗位职责和内容、优胜劣汰、基于业绩的考核与评价、平等竞争、市场压力型的用人机制	劳资双向选择的自由雇佣制、基于职位分析的绩效考核、长期雇佣取向	长期雇佣制、开发劳动力内部市场、倡导忠诚与协作
育人	完善的社会教育培训体制、专业化人才培训制度、先进的培训设施、多样化的培训手段	学徒制初级培训、再教育培训的双轨制培训，政府和企业出资鼓励员工培训	重视企业培训和员工能力开发、实行传帮带、注重岗位轮换
留人	基于企业战略和职位分析的岗位价值评价、基于评价的薪酬制度、基于绩效考核的奖励与晋升、基于职位分析与评价的职位工资	在全国和行业范围内制定工资的薪酬留人制、上下级间的沟通授权和员工共同参与决策的文化留人制	年功序列工资制、基于年功与能力的晋升制、福利保险制、注重情感沟通的企业文化建设
裁人	以市场为导向、以法律和契约为基础、基于绩效考评的优留劣汰制	政府参与劳资协调的双向选择和自由雇佣，禁止突然解雇员工	谨慎裁人、内部离职、退休补偿

注：客观、科学来讲，在文化层面，欧洲各国之间也存在一定的差异，如德国严谨、刻板，英国保守、矜持，法国自由、浪漫。但从整体上看，欧洲各国又存在很多共同之处，特别是欧共体和欧元的出现强化了这一特征。

资料来源：根据林新奇（2004）的《国际人力资源管理》中的相关材料整理而成。

（三）商业文化研究

唐炎钊（2012）将商业文化作为一个维度纳入跨国公司的管理研究中。他认为，商业文化植根于民族文化并反映民族文化。商业文化包括商业形态和产业结构，是指导商业活动的价值观、商业法则和惯例、商务礼仪以及经济伦理等。

商业文化可以解构为三个层次，即基本假设（商业活动存在的原因和方式)、价值观体系(包括价值观的判断,伦理道德;价值观的选择,商业目的)和商业行为模式(商业制度和惯例、商业礼仪、商业沟通等),并从十三个维度进行了中西方商业文化的对比,如表3-5所示。

表3-5 中西方商业文化对比

		中 国	西 方
基本假设	对商业的态度	轻商,自古以来"重农抑商",认为"无商不奸"。进入现代社会,特别是改革开放以来,商业的社会地位有了很大提高	重商,崇商。自古希腊以来,商业便被认为是高尚的职业,重商主义更将商业、特别是对外贸易视为创造财富的主渠道
	企业经营活动与环境(自然环境和利益相关者)的关系	"天人合一"的自然观要求经济的"可持续发展"与环境保护的协调一致,但目前经济的发展已经背离了这一理念。儒商思想要求"尚中贵和""和气生财",营造和谐的人际关系	"为我所用"的自然观和功利主义是以牺牲环境求得经济的发展,形成"先污染后治理"的发展逻辑。"制度化"的商业运作模式和简单的人际关系
	对时间的看法	灵活把握时间,依据形势发展随时调整计划和安排	缜密做出计划,严格按照计划行事,守时,惜时
价值观体系	商业伦理——诚信	以传统道德为基础,强调自我约束和自律作用,依靠社会舆论进行监督的诚信商业原则	基于道德和神学,以"追求财富"和"绝对理性"为核心,具有"工具和功利导向性"特征和契约精神的商业伦理
	义利观	儒家的"以义制利"和"舍利取义"讲究商业诚信,恪守道德。"商业成功"不是终极追求,国家责任和民族大义至上。突破个人的商业组织盈利观,从社会和人生层面思考组织本质。"义"是商业文化的价值核心	"个人利益"的合法性与至上性;肯定道德的功能,利己之余同时利他;强调平等竞争;否定道德评价中的行为动机,强调功利效果。"功利精神"是西方商业文化的核心价值观
	风险观	"贵和持中"理念,求得企业内部"一团和气",外部"互利合作"。"中庸之道"使得商人不愿冒险,拉帮结派分担或共同承担风险	倡导竞争与冒险,认为冒险是事业成功的前提

		中 国	西 方
商业行为模式	商业交往策略	"情、理、法",重感情,讲道理,不愿诉诸法律解决问题	"法、理、情",诉诸法律是解决问题的首选方式,商业活动要有正式的合同与契约
	商业合作方式	依靠"熟人信任"所形成的"关系网络"和"依赖网络"是商业经营的有效方式	"制度、法律和契约"的信任与合作是商业运作的保证
	商业沟通风格	具有间接性、简明性、情景性和情感性等特点,信息模糊,言简意赅,心领神会,强调谈话者和角色关系,注重语言过程,以信息接收者为中心	具有直接性、详尽性、私人性和工具性等特点,信息清晰,交谈量大,强调发言者个人,注重语言目标,以信息发送者为中心
	商业谈判行为	先原则,后细节,强调集体责任和个体权利,注重过程和立场	先细节,后原则;强调个体责任和集体权利;注重利益和结果
	商业习俗	注重外在形象和仪式	注重内容和实际状况
	工会的作用	附属于企业组织,受企业的整体管理,既服务于员工,也效力于企业	具有很大话语权,维权意识强烈,好争辩,愿意采取激进的行动
	商业公关行为	无科学公关意识,严重依靠政府,忽略媒体	保密式公关、试探式公关和作秀式公关三种形式,公关策略丰富

　　对于中西方商业文化的差别,唐炎钊(2012)认为,应该采取学习适应、保持自我和求取平衡的策略。应该学习和适应西方重视商业的思想和观念,学习西方坚持"可持续发展"的观念。在商业运作模式上,中国要走出基于"熟人关系网络"的信任机制,逐步转向"制度和契约保障"的模式。吸取西方沟通方式中的直接性和简洁性的优势,提高沟通效率;充分了解西方的商业礼仪和惯例,尊重并逐渐适应。保持中国传统的"诚信为本"的商业文化理念,坚持儒家"以义取利"的商业价值观,坚持"重原则、重集体、重立场"的国际商业交流原则。在以"情"为基础的"软契约"和以"法"为基础的"硬契约"之间寻求平衡,努力求得"以法为基础,以礼为支撑,以情为连接"的"情、理、法"的和谐统一。

(四)企业文化研究

1. 企业文化概念界定

　　"企业文化"研究的兴起不仅是企业管理发展的要求,也与跨国公司的发展不无关系。

企业文化（corporate culture）也被近似地称为组织文化或公司文化。1970年美国波士顿大学教授戴维斯（Davies）在其所著的《比较管理—组织文化的展望》一书中首次使用"组织文化"概念。1971年，德鲁克在《管理实践》一书中将管理与文化联系起来。"公司文化"作为专业术语最初见之于1980年秋美国《商业周刊》。这一新概念的产生一方面是由于随着科学技术的发展及社会的进步，在企业管理中更加重视人的因素，另一方面则是由于企业间收购、兼并及联合的迅速发展，以及跨国公司的大量兴起，如何处理好企业间及国家间的文化差异成为高层管理者必须面对的重大问题（跨国公司母公司必须在对子公司所在国家和地区的价值观、社会习俗、政治、经济状况等充分了解的基础上探寻子公司的有效管理模式）。大内（Ouchi）首次在其专著《Z理论——美国企业界怎样迎接日本的挑战》中对"企业文化"进行了论述。组织（企业）文化是由一个特定的组织（企业）在从事活动过程中形成的"文化体系"理念，是该组织（企业）全体成员共同认可与奉行的价值观念、行为准则等意识形态和精神形态的文化理念的集合体。《牛津商务辞典》把企业文化或公司文化定义为公司特有的并能够影响员工行为的价值观、信仰、规范和传统（values，beliefs，norms and traditions），强调各个公司在工作方式、忠诚度、对长期效力的重视等方面不尽相同，因而产生了自己特有的风格，它对新员工具有塑造作用。德尼森（1990）将组织文化定义为"潜在的价值观、信仰和原则，是组织全部管理系统、管理实践和行为的基础。"武田耕一（2005）认为，组织文化将其与其他组织区别开来的内在特征和生存模式，是组织成员共有的行为习惯和一致性的思维体系，组织成员对组织文化的内化程度决定了他们的思维模式与行为取向。沙因（1984）对企业文化的界定在企业文化研究中最具代表性和权威性，他将企业文化界定为"一套基本假定（basic assumptions），这些基本假定是企业在对外适应（如何生存）和对内融合（如何共同生活）的过程中发现、创造和形成的，并由企业员工一代传至下一代"。艾拉基亚斯万尼和百利斯（Arogyaswany & Byles，1986）认为，企业文化是组织中"隐含的、共有的、可传递的"价值观和意识形态。

德尼森（1990）认为，组织文化是"存在于组织内部、能够影响员工思想和行为的共享意义系统"。魏杰（2002）认为，企业文化是指导和约束企业及其员工行为的价值理念。陈庆修（2002）认为，企业文化是一定的社会经济条件下的社会实践产物，是企业所有成员共同遵循的意识、价值观念、职业道德和行为规范系统。范徵（2004）认为，文化对企业、特别是国际公司有着重要的影响，国际企业内的许多问题都是因内部不同文化缺乏相容性，造成误解而形成的。张广宁（2011）认为，企业文化就是企业整体文明，形成于企业的长期生产经营实践，以精神生活为主要内容。唐炎钊（2012）将企业文化界定为企业组织在长期的经营发展中形成的，为企业全体或大部分员工认可并遵循的企业理念体系和行为规范，主要包括企业使命、愿景、战略、核心价值观、规章制度、管理风格与体制、组织架构、工作运转模式、风俗礼仪以及企业的外在标志等。

哈佛大学教授迪尔和麦肯锡管理咨询公司专家肯尼迪合著的《企业文化——现代企业的精神支柱》（该书提出了组织文化的5要素：价值观、英雄人物、习俗仪式、文化网络、企业环境）、麦肯锡管理咨询公司专家彼得斯和沃特曼合著的《成功之路——美国最佳管理企业的经验》、斯坦福大学商学院教授帕斯卡尔和哈佛大学商学院教授阿索斯合著的《日本企业管理艺术》、加利福尼亚洛杉矶分校管理学院教授大内所著的《Z理论——美国企业界如何迎接日本的挑战》被认为是企业文化四部经典代表著作。

武田耕一（2005）研究发现，创业者的理念与哲学价值观影响到组织成员对行为基准的选择。领导层创造了组织行为可实施的范围，组织成员结合自身情况进行适应并内化，形成企业文化。

范徵（2004）认为，企业文化是企业成员在"不断解决外部适应和内部整合问题的过程中，建立起共同的根本假设基础上逐渐形成的"。

2. 企业文化的分析维度

霍夫斯泰德（1980）在国家文化研究的基础上，将企业文化看成"能够区分不同组织成员的集体心理程序"，认为企业文化具有符号、模范人物、礼仪、价值观等不同深度层次的表征。霍夫斯泰德（1990）认为，在这些表征中，尽管符号、礼仪等表象特征与价值观等深层特征比起来差异明显，但在企业的发展过程中，价值观对组织发展所发挥的作用越来越显著，成为企业文化的核心因素，是文化主体的"精神程序"。他通过国家文化研究问卷和焦点小组讨论等方法进行了组织文化类型研究，将组织文化的测量归结为六个维度：激励（行动导向：保持连贯，注重细节和精确/结果导向：目标明确，创新发展）、关系（任务导向：工作至上/人导向：员工需求至上）、身份（公司的：认同并支持组织期待/职业化：追求职业目标和理想化）、交流

（开放系统：鼓励自由地进行观点交流/封闭系统：控制观点的交流）、控制（严格控制：遵从明晰的体系/松散控制：灵活地适应工作）、指导（保守的：严格按标准行事，做规定的、正确的事/灵活的：按照顾客的要求行事）。沙因（1985）对企业文化进行了层次分解，将企业文化分为三个层次，即物质文化层（明显品质和物力特征）、外显价值观（战略、目标、意识、哲学）、基本假定（潜意识、信仰、知觉。但鉴于"基本假设"不易操作、难以测量、易使组织成员产生焦虑等特性，人们往往不将其作为企业文化的核心），并在此基础上进一步解构为七个方面的内容：组织与环境的关系、人类活动的本质、现实和真理的本质、时间和空间、人性的本质、人际关系的本质、同质化与多元化。罗西奥（Rousseau，1990）则将企业文化分为五个层次：基本假定、价值观、行为规范、行为模式、人为饰物。企业文化的不同层次划分可以用主观性—客观性、意识—潜意识两个维度进行衡量。库克和罗西奥（Cooke & Rousseau）研究得出，对企业文化层次的研究，无论研究对象是什么，但基础和落脚点仍然离不开价值观。奥特（Ott，1989）指出企业文化层面的作用机制：价值观影响行为规范和行为模式，进而影响人为事物，因此价值观是其他层面的核心所在。麦肯锡 7S 管理框架：管理均涉及相互关联、相互作用的七个变量（管理七要素），即结构、战略、体制（制度和程序）、人员、作风、技巧（管理艺术、优势和技能）、共有价值观（指导观念和文化）。其中，共同的价值观是企业及其成员奋斗的最高目标，即目标。在 7S 框架中，共同价值观处于中心地位，它把其他六个要素粘合成一个整体，是决定一个企业命运的关键所在。德尼森（1995）创造了组织文化的 Denison 模型，将组织文化化解为一个核心、四个方面、十二个维度，如表3 – 6 所示。

表 3 – 6 Denison 模型的内容

核心区（信仰与假设：belief & assumption）	外围区（参与性、一致性、适应性、使命）	参与性（involvement）	授权（empowerment）
			团队导向（team orientation）
			能力发展（capability development）
		一致性（consistency）	核心价值观（core value）
			配合（agreement）
			协调与整合（coordination & integration）

续表

核心区（信仰与假设：belief & assumption）	外围区（参与性、一致性、适应性、使命）	适应性（adaptability）	创造变革（creating change）
			客户至上（customer focus）
			组织学习（organizational learning）
		使命（mission）	愿景（vision）
			目标（goal & objectives）
			战略导向和意图（strategic direction & intent）

纳尔逊和高普兰（2003）为了进行地域文化和组织文化的对比，提出了文化测量系统，将组织文化解构为四个维度，如表3-7所示。

表3-7 文化测量系统

文化维度一级指标	文化维度二级指标
工作或任务	努力程度
	工作时间
	完成状况
	工作质量
关系	影响
	同感（移情）
	社交能力
	忠诚
控制	权利
	政治
思维	抽象思维
	计划
	解释力
	灵活性

资料来源：Nelson, Gopalan. Do organizational cultures replicate national cultures? isomorphism, rejection and reciprocal opposition in the corporate values of three countries [J]. Organization Studies. 2003 (24)：115.

武田耕一（2005）认为，组织文化具有如下特征：革新取向、结果取向、关注细节、重视成员、重视团队、积极性、安定性。组织文化体现在：庆典、仪式；故事与创业记录；文化标识；工作语言。迪尔和肯尼迪（2008）将企业文化分成企业环境、价值观念、典型人物、礼仪、文化网络等五个要素。余凯成（1999）归纳了中国文化对中国企业管理与交往行为的影响所呈现出的七个关键敏感因素：大家庭制、务虚先务实、爱国主义敏感性、礼貌、关系导向、耐心、小生产者心态。席酉民（2001）将企业文化分为三个层次：核心层，价值观体系；介质层，行为准则和制度规范；外显层，行为模式。刘光明（2002）将企业文化分成四个层次：物质层（企业标识和象征物）、行为层（行为模式）、制度层（组织结构、行为规范）和精神层（使命、愿景、价值观等）。干春晖（2004）将组织文化分为价值观、经营理念、经营制度和工作程序四个层次。马春光（2004）认为，企业文化包括三个方面的内容：经营性企业文化、管理性企业文化和体制性企业文化。黎伟（2003）基于管理学与新经济学的有机结合，提出了企业文化划分的 MRRTA 法，即管理导向，人治/法治；风险偏好，强/弱；责任主体导向，集体/个人；思维习惯，演绎/归纳；成就导向，绩效/因袭。张广宁（2011）认为，企业文化包括四个层次的内容：精神层面（企业价值观）、制度层面（企业的规章制度）、行为层面（经营管理过程）、物质层面（物质标识）。

综上所述，可以将企业文化的结构维度分解为四个方面的内容：物质（产品、企业标识、员工服饰等器物）、制度（领导体制、组织机构、管理制度）、行为（经营、宣传、人际关系、文娱活动）和精神（经营哲学、道德、价值观）。

3. 企业文化类型

霍尔（Hall，1995）用决断力（公司行为被其他公司看作有力或直接的程度）和反应力（公司行为在情感上被表达的程度）两个维度构成一个矩阵，形成四种企业文化类型：北方型（低决断力、低反应力）、南方型（高决断力、高反应力）、东方型（低决断力、高反应力）和西方型（高决断力、低反应力）。

琼潘纳斯和特纳（Trompenaars & Turner，1997）根据两个维度的组合提出四种企业文化假说。两个维度是平等性/官僚体系（equality or hierarchy）和以员工为导向/以工作为导向（orientation to the person or orientation to the task）。根据这两个维度，他们把来自不同民族文化的企业文化归纳为四种：导弹型（目标导向）、家庭型（员工导向）、孵化器型（实践导向）、埃菲尔铁塔型（角色导向）。一个公司的企业文化可能由上述一种主导或几种企业文化混合主导。导弹型在美国和英国公司中得分最高，家庭型在法国和西班牙公司中得分最高，孵化器型在瑞典公司中得分最高，埃菲尔铁塔型在德国公司中得分最高。科特和赫斯克特（Kotte & Heskett，1992）出版了专著《企业文化与经营业绩》（*Organizational Culture and Performance*），在其专著中提出了强力型、策略合理型和灵活适应型三种类型的企业文化，并研究了这三种企业文化类型对企业绩效的影响。迪尔和肯尼迪（1982）依据企业活动风险和决策反馈速度，将企业文化分为四种类型：男子汉型文化（the tough - guy，macho culture）、努力工作/尽情享受型文化（the work hard/play hard culture）、孤注一掷型文化（the - bet - you - company culture）、过程型文化（the process culture）。海涅姆（Heinem，1990）依据员工关于企业价值观和行为规范的稳固度、一致度和和谐度，将企业文化分成十六种类型。哈里森（Harrison，1972）将企业文化分为权力型、任务型、角色型和个人型四种。凯默恩和奎恩（Cameron & Quinn，1998）通过灵活性与稳定性、关注内部还是外部两个维度将企业文化分为四种类型：宗族型、活力型、官僚型和市场型。曼克斯等（Mannlx et al，1995）依据企业在分配过程中的行为特征，将企业文化分为经济导向型、关系导向型和发展导向型。甘瑟尔、罗杰斯和雷诺（Gancel，Rodgers & Raynaud，2004）根据权威来源、有效性和前瞻性将企业文化分为概念型文化、实用型文化和关系型文化。陈维政等（2004）在曼克斯关于企业文化界定的基础上，将企业文化分为经济导向企业文化和发展导向企业文化。忻榕和徐淑英（2002）以中国国有企业为研究对象，归纳出中国国有企业的文化维度：创新、结果导向、员工发展、和谐、实用主义、顾客导向、奖励导向、贡献、未来导向、领导行为。维纳认为，企业文化属于强势文化还是弱势文化可以通过结晶化强度和价值观强度两个维度来衡量，两个维度构成一个坐标图：结晶化强度在横向坐标，是指组织成员对价值观的共享程度，共享程度越高，价值观的结晶化程度也就越高；价值观强度在纵向坐标，是指组织成员对价值观的认同和接受程度，认同和接受程度越高，价值观的强度越大。若两个维度的指标都很高，企业文化属于强势文化；若两个维度的指标都很很低，企业文化属于弱势文化；若一个维度高，而另一个维度低，则属于"发展中企业文化"。

4. 企业文化整合

甘瑟尔、罗杰斯和雷诺（2004）认为，文化整合就是在不同文化之间搭建一座桥梁，促进双方在价值观、信仰和行为方式等方面了解，更好地执行包含每种独特文化的协作战略。克莱门特和格林斯潘（Clement & Greenspan，

2003）认为，企业文化整合包括结构性决定因素（企业规模、企业历史、行业、所在地区、多样化水平、相关企业）、情感性决定因素（领导、管理风格、环境氛围、信任水平、成功的界定、自治的需求、公平性、满意度）和政治性决定因素（独裁状况、盲从状况、开明度、规范性、董事会制度、自制度）三个部分。在企业文化整合模式上，奈哈迈德（Nahavandi，1993）建构了"同化模式（assimilation mode）"，伊文斯（Evans，1991）建构了"融合模式（integration mode）"，皮克尔和夏皮罗（Picker & Shapiro）建构了"分割模式（separation mode）"，贝里和安妮斯（Berry & Annis，1974）提出了"消亡模式（deculturation）"。甘瑟尔、罗杰斯和雷诺（2004）提出了"企业文化整合基础模型"。该模型主要关注三个方面的问题，一是企业文化整合中合法性挑战，即管理者权威性的来源偏好选择，包括智能偏好、业绩偏好和圈内人偏好；二是企业文化整合中有效性挑战，即提高企业工作效率策略偏好选择，包括体制和程序偏好、果断行动偏好和关系网络偏好；三是企业文化整合中前瞻性挑战，即提升员工认可度的偏好选择，包括组织结构偏好、战略目标偏好和对传统的偏好。哈贝克、克罗格和特兰（Habeck，Kroger & Tran，2000）认为，企业文化的整合涉及企业规模、业务优势、文化相似性等多种因素。马克斯和莫维斯（Marks & Mirvis）认为，文化冲突一般会经历四个阶段：感知差异（perceiving differences）、放大差异（magnifying differences）、固化（stereotype）、平息（putdown）。

在国内研究领域，相关学者及其研究包括：范徵（2004）提出了吸收/同化、保留/多元化、融合/转化、反并购/同化等类型；陈春花等（2002）根据企业的不同发展阶段，提出了四种整合模式：同化、隔离、融合、引进；王爱林（2002）提出了创新式、掠夺式、独立式三种整合模式；潘爱玲（2004）基于民族文化差异和企业文化差异的双重视角，提出了融合、移植、渗透、嫁接和自主五种模式；周淼（2007）将跨国并购企业的文化整合模式归类为五种，即吸收、分割、融合、引进和革新。唐炎钊、张丽明和陈志斌（2012）从文化契约观和资源观视角，基于企业文化差异创造文化价值的目的进行了企业文化整合模式研究。他们基于文化融合的四个阶段（学习阶段、磨合阶段、适应阶段和变革阶段）和双方对彼此文化认同及吸收意愿的程度，提出了企业文化整合的九种情形和与其相应的九种模式：低—低情形，即各自文化相对独立的自主模式；低—中情形，即忽视弱势企业文化的移植模式；低—高情形/高—低情形，即全盘接受强势企业文化的同化模式/反向同化模式；中—低情形，即学习对方优点的引进学习模式；中—中情形，即积极吸收对方优势的相互吸收模式；高—中情形／中—高情形，即经过双向包容和渗透形成的融合1模式（外方企业文化多一些）／融合2模式（中方企业文化多一些）；高—高情形，即凝聚双方共识的创新模式。他们将影响跨文化整合的因素归为四个层面二十三个项目：企业文化层面，包括高层参与、跨国管理能力、薪酬制度、国际化经验、企业文化差异、企业公关、文化认同度；商业文化层面，包括工会力量、技术流失、社会责任、对工作的认识、国际规则、中介机构、媒体负面报道；民族文化层面，包括语言、社会规则与法律、尊重对方习俗、价值观、政治干预；外部促进层面，包括尽职调查、跨文化培训、留任关键高层、制度不明确。

第二节　价值观研究

一、一般价值观研究

（一）相关概念界定

1. 价值概念界定

马克思在《资本论》中从政治经济学角度将价值界定为"凝结在商品中的一般的无差别的人类劳动"。但哲学范畴的价值不同于政治经济学范畴的价值。萨特认为，价值存在的唯一基础是个人自由，他强调价值所有的人的属性。从哲学范畴上讲，价值在普遍意义上反映主客体间的社会关系。王晓春认为，价值是"人们在实践—认识活动中建立起来的，以主体尺度为尺度的主客体关系"。此概念可以释义为：价值既不是主体的属性，也不是客体的本质，价值存在于主、客体相互作用时形成的关系中。在这种关系中，主、客体的关系并非平等，而是主体起决定作用；价值的主客体关系是客观的，不同于主体对它的评价；价值的内容取决于主体与客体的目的、需要等关系因素。

2. 价值观概念界定

克拉克恩和斯乔贝克（1961）发表了"价值观双向模型"，提出了价值观的六个维度：对个体的认知、对世界的认知、对人际关系的认知、对活动的认知、对时间的认知和对空间的认知。罗克奇（Rokeach，1974）认为，价值观是一种对存在控制的具体模式或最终状态的持续性信念，它既是一种个人现象，也是一种社会现象。价值观具有动机功能、评价功能、规范功能和禁止功能，对行动和态度具有指导作用。罗克奇将价值观进行"最终结果的偏好模式"与"来自于终极价值观的工具性行为"的概念区分，奠定了价值观是二分法的基础。崔和莱克（Choi & Liker）在组织层次上建立了"过程取向与结果取向的"价值观的二分法。价值二分法对于行为的相关研究具有一定的指导意义。终极价值观会影响行为目的，而工具价值观将影响达成目的的行为工具。就决策这一组织行为来讲，当确定决策内容时，结果取向的组织价值观影响是主要的；考虑如何做出这种决策时，涉及决策过程，行为的选择取决于过程取向价值观。在过程取向与结果取向两者关系中，过程的正确性是保证结果正确性的先决条件。为了确保决策的正确性，首先要保证正确的决策过程，如果决策的过程出现错误，决策的结果必然将是错误的。在这种逻辑下，过程取向的价值观便成为一种工具和尺度，为多样化的决策过程提供了选择的标准。理论上讲，过程取向价值观与结果取向价值观的差别是决策结构之间差异性的外在表现。类似于决策范畴的另一要素"公正"，公正也存在两种指向，过程公正和结果公正。过程公正的价值观在结果既定的情况下关注"如何进行公正的决策"；结果公正的价值观则关注决策内容，即最后所达成的结果的公正性。

黄希庭（1989）认为，价值观是区分好与坏、美与丑、益与损、正与误的一般观念系统，它通常充满情感，并为人的态度和行为提供充分的理由和依据。价值观具有意识的倾向性、评价的主观性、行为的选择性、观念的一致性和社会历史性。袁贵仁（2006）将价值观界定为"人们基于生存、享受和发展的需要对于什么是好的或者是不好的的根本看法，是人所特有的应该希望什么和应该避免什么的规范性见解，表示主体对客体的一种态度"。价值观包括三个组成部分：价值认知、价值情感和价值行为倾向。价值认知是价值主体对价值关系在知识层面的认识；价值情感是价值主体对价值关系和价值观念的好恶感觉或情感倾向；价值行为倾向是实现价值观从意识形态到实际行为转化的潜在趋势。吴维库（2012）认为，价值观的形成存在三个阶段：中学是价值观形成的毛坯阶段，大学毕业是半成品，到组织后再加工成成品。

赵晓霞（2011）借鉴前人研究，将价值观分为终极价值观（关于最终目标或所希望的最终生活状态的观念和概念）和工具性价值观（有助于获得所希望的最终生活状态的行为模式的观念或概念）。黄进（2010）在价值观研究中，将价值观分解为人生价值观、经济价值观、政治价值观、道德价值观、职业价值观、婚恋价值观、乡土价值观、休闲与审美价值观等不同方面。依据价值观的重要性，胡文慧（2012）将价值观分为主导价值观与非主导价值观，核心价值观与非核心价值观。

（二）价值观特征

价值观的特征可以归结为六个方面的内容：①主体性。价值观不能独立存在，它必然依附于"人"这个主体。②历史性。价值观属于意识形态，它必然建立于经济基础之上，经济的社会历史性决定了价值观不可避免地带有社会历史性因素。此外，价值观的发展变化以社会存在的发展变化为基础。③绝对倾向性。价值观就是一种好与坏、是与非、肯定与否定的意识判断，是对事物的一种主观评价，这种主观判断的本身就是倾向性的外在表现。④相对稳定性。任何事物都不是一成不变的，价值观也会随着社会存在的变化而变化。但个体价值观的形成是一个漫长而复杂的心理和社会过程，在这个过程中，价值观主体思维已成定式，其行为已经形成一种路径依赖，影响根深蒂固、难以消除；即便有可能形成一种新的价值观，它也不可能完全、彻底地摆脱原有价值观的影响，也恰恰会以原有价值观为基础。⑤指导性。价值观属于意识形态范畴，它将通过外在的行为显性化。也就是说，行为是价值观的具体体现，价值观对行为具有预测和指导功能。无论是个人还是组织，其行为都将受价值观的控制或影响，而探究行为的本源，必将回到价值观层面。这里的行为是宏观意义上的，既包括具体的行动，也指决定、决策等指导行动的最终意见。⑥层级性。价值观具有纵向维度的层级性，从宏观角度来讲，至少表现为国家层面、组织层面和个体层面。这三种价值观既有纵向的隶属关系，又有交叠和相异的部分。任何一个企业的职员，其言谈举止不仅代表个人价值观念，还反映所在企业的价值文化；任何一个国民，其举手投足，将带有国家价值取向和民族文化的成分。此外，因不同层次的价值观具有不同的环境背景和内在含义，同一价值观，在不同层级的语境下，或有不同的解读。以"以人为本"这一价值观为例，国家文化层面的"以人为本"，是指让百姓安居乐业，过上幸福、富裕的生活；企业文化层面的"以人为本"，是指让所有的员工都能发挥自己的长处，各尽所能；个人层面的"以人为本"，是指满足自己所界定的短期或者长期利益要求。

二、具体价值观研究

（一）个体价值观

1. 个体价值观概念界定

一个人会成为什么样的人由世界观、人生观和价值观所决定。世界观是关于世界的总体看法，其基本区别在于唯心还是唯物；人生观是对人生的看法和态度，其基本内涵是奉献还是索取；价值观是对关系的看法，是对个体、群体、社会和国家之间的关系的看法和态度，即谁先谁后的问题。

法国思想家卢梭认为："个人价值观是人们判断失误的标准，是个人最稳定、最持久的特性，是态度和偏好形成的基础，是关键决策、生命方向、个人职业选择的基础。没有价值观就无法进行判断。"

周东华将个体（人）价值观界定为"个体（人）在特定的生活经验和独特的社会化过程中形成的心理上、行为上的稳定趋向"。个体价值观具有判断功能、规范功能、选择功能、定向功能和激励功能，对个体行为具有调节和决定作用。

人的价值关系有三个层次：自己与自己的关系（处理好自身的事情，如所思与所及，即个人欲望与个人能力；所思与所为，即个人欲望与个人行为）；自己与他人（包括他人个体、群体、组织、集体、国家）的关系；自己和环境的关系（自己和自然的关系）。

2. 个体价值观的形成过程

个体价值观的形成一般经历价值理解、价值认同、价值选择、价值整合四个阶段。

（1）价值理解。价值理解是指个体获取外在价值信息，在对此领会、接受的基础上进行内化，使之成为自己价值体系的有机组成部分。个人自身内在理解力的差别以及个体生存的外在环境、经济政治状况、生活经历的不同，造成不同个体之间价值理解的差异。

（2）价值认同。汪信砚将价值认同界定为"个体或社会共同体（民族或国家等）通过相互交往而在观念上对某一或某类价值的认同和共享，是人们对自身在社会生活中的价值定位和定向，并表现为共同价值观念的形成"。王宏维认为，价值认同包括自然认同和社会认同。所谓自然认同，就是指个体在自然的成长中逐渐形成的价值观。它主要受到血缘关系、地缘关系、风俗礼仪等外在因素影响，具有持久性特征。社会认同也被称为教育认同，主要通过后天学习教育而认识到不同的价值本质。

（3）价值选择。价值选择是指在对价值理解和认同的基础上，根据价值主体的要求和目的，在对多种价值观的比较分析和权衡之后所采取的取舍决定。由于个体间的差异，价值选择也因此会存在差异性，这是价值观多元化的基础。

（4）价值整合。价值观的形成并非一次性结果，随着个体成长和受教育（广泛的教育概念）程度的加深，新的价值信息不断出现，各种价值信息也会重新得到调整和组合，使原有价值观体系得到不断更新和完善。在这个过程中，既有对传统价值观中有益成分的保留，又有对新价值信息合理成分的吸收和内化。如中国现代社会的价值观，既有对中国传统文化"忠、义、礼、智、信"等核心价值观的传承，又有对西方文明中的民主和人权理念中合理成分的吸收；既有中国传统文化的伦理道德，又有西方法治社会的思想和观念。

3. 个体价值观形成的影响因素

个体价值观受民族、社会、阶级、家庭、经历、性别等因素的影响。价值观与家庭背景存在一定的联系。研究发现，儿童的工作价值观很大程度上受到父母的经济社会条件、性别期望、种族、社区环境等诸多因素的影响。例如：社会阶层高的儿童就更看重影响力和内在报酬；社会地位低的儿童更看重安全感和外在报酬。

外在环境和个人的经历（特别是影响巨大的转折性经历）既是价值观形成的主要因素，也是影响价值观发展变化的重要源体。成年人的工作价值观并不是在形成之后就永远处于稳固、静止的状态中，在青春期和成年初期形成的价值观往往会在经过真正的社会洗礼之后发生巨大的变化。

詹森（Johnson）使用潜增长模型对一个代表性样本进行了为期 12 年的跟踪研究，发现工作价值观在青年初期确实发生着明显变化：对外在报酬的重视程度明显随着年龄的增长而降低，并且降低的速率随着年龄增长而加快；对社会和利他方面的重视程度也逐年下降，只是下降的速率逐年减慢。

4. 个体价值观与工作的关系

一个人在 10 岁左右就形成基本价值观。在进入企业的时候，如果个体价值观与企业价值观一致，则容易产生匹配或协同效应，但若存在差别，则易产生冲突。个体价值观不易改变，对员工价值观的改变需长时期的工作，对于不同员工之间的价值观只能采取"求同存异"的策略；对于员工和企业之间的价值观，只能以企业价值观作为主导或核心价值观进行统率。

价值观与行为具有很高的正向相关性，企业员工工作价值观结构及其对员工工作行为的影响机理过程是：自我情感因素、物质环境因素、人际关系因素、革新特征因素共同构建了员工的工作价值观，而员工工作价值观通过个体工作偏好的满足与否，引发其积极在职行为和消极离职行为。

（二）企业价值观

1. 企业价值观概念界定[①]

企业价值观在某种程度上属于群体价值观。群体价值观是指基于一定的历史、文化和社会存在，形成的群体对于事物的基本看法和态度。群体价值观在一定程度上影响和制约着个体价值观的形成和发展。大内在其专著《Z理论——美国企业界怎样迎接日本的挑战》中认为，企业文化不仅包括"传统和风气"，还包括"确定活动、意见和行动模式的"价值观。公司内所有方面，从战略到人事，甚至产品，无不为文化所涉及，都由价值观所决定。肯尼迪和迪尔（1989）认为，"价值观是企业文化的基石"。

霍夫斯泰德和吉尔特（Hofstede & Geert）将组织价值观界定为"将一个组织的成员与另一个组织的成员区分开来的集体性思维程序"，并提出对企业价值观进行量化研究的三个维度：安全需求（need for security）、工作核心性（work centrality）和权威需求（need for authority）。利特卡（Liedtka）则将组织价值观界定为一个整体的组织成员的基本原则与所知觉的存在的信念。理想状态下，组织价值观是一种共享价值观，是组织内全体成员必须遵守并约束组织内全体成员思维的一种准则。沙因在《企业文化与领导》一书中概括了企业文化的作用：一方面是解决外部适应与生存问题，另一方面是解决内部结合问题。克莱格将组织价值观定义为，同组织活动的可能目标与工具相联系的所需要的行为共享的规范化标准。它包括过程取向的组织价值观和结果取向的组织价值观两个方面，并以不同方式与组织绩效相关。谭小宏和王金霞（2011）将组织价值观界定为"组织成员所共有的基本信念，这些信念反映出组织对其认为最有价值的目标的追求，它是组织成员的行为准则与规范"。组织价值观是组织文化的核心，在组织发展中发挥着"内引外合"的

---

① 本研究将组织价值观与企业价值观视为同一概念，未进行区分。

作用。吴维库（2012）认为，组织价值观是一套理念体系，包括企业宗旨、企业愿景、企业精神、企业哲学、企业作风、企业价值观、企业方针和企业伦理。在这个理念体系中，核心价值观是轴心，对其他理念具有统领作用。同个人价值观一样，组织价值观也是一种判断标准。在个人价值观和组织价值观之间，无论真实的状况如何，至少在表面上，个人价值观要服从组织价值观，或者说个人价值观是组织价值观的一部分。按照这种逻辑，只有在个人价值观认同组织价值观的基础上，个人才会来到组织，成为组织的一员；既然成为组织的一员，个人价值观至少在当前的状态是认同组织价值观的。企业价值观具有如下特征：绩效导向、人本思想、全局观念、开放性、控制程度和灵活性。这些特性既取决于企业所在的国家的历史传统、文化特色和发达程度，又取决于企业所处行业的业务类型及经营特点，还取决于企业本身的发展历程和经验教训。田奋飞（2005）将企业价值观定义为"企业或企业中以企业家为核心的全体或大多数成员对评价对象及其价值性的基本一致的看法、评价和判断，是企业成员共享的价值观"，并将其解构为企业战略观、企业管理观和企业经营观，认为三种价值观存在不同的功效和作用机制。唐炎钊（2012）认为，价值观体系是企业在长期的生产经营管理中，在一定的社会历史背景下，受到某种意识形态的影响而形成的文化价值观念体系。该体系包括三部分：企业愿景（对企业将来发展预期的描述，是企业长期的奋斗目标）、企业使命（企业存在的自身意义和社会意义）、企业核心价值观（关于企业如何生存问题，是指导员工共同行动的精神元素和企业发展的根本原则）。马春光（2004）认为，企业价值观是以员工个体价值观为基础、以企业经营管理者（企业创始人）价值观为主导的群体价值观。企业价值观是使之区别于其他企业的特质。

企业价值观是"企业在生存和发展过程中所凝结、升华而成的有关基本价值的判断依据和行为标准"。同企业文化一样，企业价值观具有自己独特的基因，其特性是深层的东西难以改变，若改变，便会发生遗传基因变异。"价值观与文化是一个公司传承的基因，是一个公司存续百年的真正原因。"马云亦把价值观列为企业发展第一要素。在联想"走出去"的过程中，企业价值观输出是其成功的重要因素。柳传志认为，联想国际化的十年，最大的收获是"文化价值观的输出"。在他复出担任董事长之后，最重要的工作是抓企业文化和核心价值观的建设。在联想危难之际，正是东方价值观、管理经验与西方价值观、管理经验"激烈"碰撞和交融，才使得联想集团涉险过关。

企业内部价值观存在差异。阿勒斯和孙伟（Alas & Sun Wei，2008）基于中国 29 家跨国公司的新生代与老一代员工、中国与欧洲员工两组样本的研究发现，两组样本在工作价值观与生活价值观方面存在差异：新生代员工重视领导、伦理和社会，老一代强调文化和能力；中国员工在组织融合方面的价值观强于欧洲员工。

2. 企业价值观的形成方式与途径

企业价值观主要有两种生成模式：第一种模式是自上而下强制推行、灌输而成的模式；第二种模式是自下而上长期积淀、自发形成的模式。第一种模式又有两种状况。一种是以企业创始人的价值观为核心，在此基础上发展演变成企业价值观。从核心内容来讲，企业创始人的文化即组织文化，企业创始人的个人价值观就是组织的价值观。这种状况多存在于初创型的民营企业和家族企业。一种是领导者通过强有力的教育培训程序，将业已存在的价值观对员工进行反复而持续的灌输，要求员工必须接受的价值观。第二种模式是组织在长期的发展中逐渐积淀而成的。这个过程是一种自在过程，并没有谁刻意地、主观地炮制出一种价值观，是组织在不断适应新环境的过程中的一种必然。

吴维库（2012）认为，价值观的实施方式有三种：强制灌输式、制度驱动式和榜样激励式。强制灌输式的形成方式只能从表面做到一致，很难达到完全的"内化"，员工认可程度很低；制度在本质上应该是与价值观一致的，企业的规则与制度是企业价值观的表征和外显。价值观具有柔性特征，制度具有刚性特征。价值观对制度具有先行性指导，制度是保证价值观得以实施的准绳。在价值观与制度的关系上，先产生价值观，之后生成制度；制度又保证价值观延续和发展。制度的主要作用在于规范和约束，组织依据制度践行价值观（制度可以弥补人性感情用事的缺陷）。企业是价值观认同的人聚集到一起实现自己价值观的平台。按照一般的逻辑，个体认同企业价值观才会到企业来；反之，个体成为企业一员，个体价值观就要与企业价值观保持一致。制度就是价值观的保证，遵守了制度，就践行了价值观；不遵守制度，就是不认同价值观，其行为必将与价值观相悖，那么企业也就不会容忍你。这就是"志同道合"。榜样激励的关键在于"影响力"和"个人魅力"。

3. 企业价值观的功能

组织价值观是组织在发展过程中，组织成员共同接受并认可的组织行为方式、道德规范的深化。组织价值观是一种"黏合剂"，通过为组织提供一种有形的制度和无形的规范而使得组织成为一个整体。就员工个体而言，组织价值观是组织员工整体精神面貌的体现和反映，是保障组织持续、稳定发展的核心力量。组织价值观对组织成员的工作态度和工作行为都有较大影响。奥赖利等（1991）在研究之后得出结论："得到组织重视和个体认可的价值观可以产生更亲密的关系、更积极的情感和更高的组织承诺。"组织价值观只有在内化为员工自身信念并身体力行时，才真正发挥作用。组织价值观的内化一般会经过员工培训、职业生涯规划等程序，通过实现组织和个人价值观的匹配来实现。从企业整体状况而言，组织价值观可以直接影响公司战略、竞争优势、激励方式，同时也可以对组织变革与发展产生直接影响。具体来讲，组织价值观具有如下功能。

（1）定向指导功能。组织价值观与组织使命交织形成组织愿景，进而发展成为组织战略的一部分，统领组织员工的行为。

（2）行为驱动功能。毋庸置疑，员工进行工作的目的不仅是谋生，还在于实现个人价值。个人价值并不是抽象的概念，它在具体的工作环境中有不同的体现和实现路径。组织价值观是个人价值观的转化器，将抽象的个人价值具体化，对员工个体行为进行路径引导。

（3）规范功能。组织价值观一旦形成，便成为个体价值观的定向标和衡量器，规范组织员工的行为。尽管组织价值观是隐性的，却具有一定的强制性，组织员工会自觉或不自觉地以此来监督、约束自己或他人。若个体价值观与组织价值观发生冲突，个体价值观也会以此为标杆或参照物进行纠正。

（4）整合功能。无论组织价值观来源于领导者的个体价值观还是形成于员工共识之上，它在确定之后都会具有整合功能。组织价值观是联系组织个体或组织部门的纽带，无论出于自愿还是非自愿，员工个体或组织部门都将是组织价值观链条上的一个必然环节。组织价值观可产生磁场效应。组织价值观可以形成一个磁场，散发出强大的磁力，将员工个体和组织部门紧紧地吸住。这个理论的前提是员工个体也具有与组织价值观这个磁场一样性质的磁力（暂且称为同质磁力），这样才能够被吸住；假如员工本身并不具备这种磁力（暂且称为零磁力），或者员工所具有的磁力与组织价值观所产生的磁场的性质不同（暂且称为异质磁力），组织价值观便对这个员工不具备吸引力。但员工之间的相互行为会使得零磁力或异质磁力的员工在表层感染上同质磁力，进而与组织价值观磁场发生相吸作用。随着员工个体之间、员工个体与组织价值观之间相互行为的加深，零磁力或异质磁力的员工个体价值观可能发生两种转向：一种是附在表层的同质磁力被摩擦掉，该个体员工又回到零磁力或异质磁力的状态；另一种是附在表层的同质磁力继续深化，最终内化为员工个体价值观，形成深层同质磁力，取代零磁力或异质磁力。这就是整合过程。整合包含同化，但不一定意味着完全同化，也不可能达到完全同化的效果。整合的目的在于形成合力，形成协同效应，但并非同质性。同质性状态下的合力是一种理想状态，互补性协同才是现实状态。合力的形成将加强磁场的磁力，对员工起到更大的吸附作用。

4. 企业价值观测量量表开发与构成维度分析

在西方，查特曼（Chatman）从契合度的视角，对"个人—组织契合度"与组织承诺、公民行为和离职倾向等员工效能之间的关系进行研究，开发了组织价值观测量量表（OCP）。奥赖利、查特曼和考德威尔（O'Reilly, Chatman & Caldwell, 1991）在文献梳理的基础上，编制了组织文化剖面图（OCP）问卷用于测量组织价值观，将经过因素分析发现的54条关于价值观的描述进行了Q分类，得出组织文化价值观（OCP）的七个维度：革新、稳定性、对员工的尊重、注重结果、对细节的关注、团队合作倾向和进取性。经过大样本的实证测量，OCP表现出良好的信度和效度，目前作为常被采用为价值观量表之一。霍夫斯泰德认为，组织文化包括价值观和实践两部分。通过因素分析，他提炼出三个维度的价值观（安全需要、工作中心、权威需求）和六个维度的文化行为（结果导向与过程导向、工作导向与员工导向、职业导向与单位导向、封闭系统与开放系统、紧的控制与松的控制、实际效果与标准形式）。他通过研究发现，价值观维度在组织层面非常接近，而在个体特征变量（性别、年龄、教育程度）方面存在很大差距。金萧琼和凯尔文（Siew Kim Jean & Kelvin, 2004）在对新加坡企业价值观研究的基础上提出了企业价值观的五个维度：创新精神、团队意识、人本倾向、任务导向和支持导向。郑伯埙在沙因（1990）理论框架的基础上，构建了VOCS组织价值观量表。该量表包括组织价值观的九个维度：科学求真、顾客取向、卓越创新、甘苦与共、团队精神、正直诚心、表现绩效、社会责任和教亲睦邻。谭小宏、秦启文（2009）的研究表明，企业的组织价值观包括九种取向结构维度：人本取向、团队取向、形象取向、客户取向、产品取向、社会责任取向、创新取向、绩效取向和求真取向。在对西方价值观理论模型研究的基础上，刘理晖、张德（2007）构建了中国本土化的组织文化价值观模型。该模型以两个对立的二阶维度"关注平衡—关注发展"和"关注组织—关注人"为核心，将组织价值观分成八种类型："学习—经验导向""创新—保守导向""结果—过程导向""竞争—合作导向""制度—领导权威""集体—个人导向""沟通开放性—封闭性"和"关系—工作导向"。魏钧、张德对儒家文化影响下的组织价值观进行了研究，归纳出组织价值观的八个维度。郑石桥研究发现，不同民族在工作相关价值观方面表现出较高程度的内在一致性和外部差异性，不同民族主导的企业的文化价值观也具有明显的差异。

5. 企业价值观与决策

企业价值观同样存在过程取向与结果取向，关注未来战略目标及实现。过程取向的价值观表现的是行为自身的价值性，强调适宜的行为规范，考虑的是根据可以接受的行为规范而采取的恰当措施；结果取向的价值观表现的则是行为达成所需要的结果的价值性。

研究组织价值观与决策之间存在的相关性，涉及两个问题，即"做正确的事情"和"正确地做事情"。前者是一种态度，也就是价值观；后者是一种方式，即将态度行为化的方式。价值观直接影响决策，进而间接影响行为。

组织的任何一项决策都是在国家价值观影响下员工个体价值观和组织价值观系统作用的结果。具有决策权的管理者的个体价值观具有特殊性，既不同于组织价值观，也不同于普通员工个体价值观。他可以将决策权下放，让下属进行决策；也可以不让下属参与决策。

6. 关于"组织价值观"相关问题的思索

刘华成、单鑫（2008）研究指出，作为社会价值理念的一部分并与它基本相一致，组织价值观可以将组织的目标和社会价值理念连接起来，从而服务于社会。本人认为这是一种假设，组织价值观的确是社会价值观的一部分，并起着连接功能，但二者必须一致吗？因此，本人提出假设，组织价值观与社会价值观并不是完全一致，反而，在一定程度上它们之间存在一定的矛盾。而这种矛盾将在组织、个人和社会之间产生一定的反应。维纳（1988）认为，组织价值观是组织成员共同具有的价值观和社会信念。这似乎也是一种假设，组织价值观的"组织成员共同持有性"如何体现？或者说，这种"组织成员共同持有性"是否存在？这只是一种美好的假设或者理想，价值观是一种顶端层次的思想指导，它必然落实或反映在具体的实践中。现实的状况是，组织成员往往秉承一种"主观为自己，客观为组织"的心态，他们工作的动力和主观意愿指导着他们的实践行为，这种实践行为的客观性和结果与组织价值观之间存在某种必然的联系，一般来讲，将产生对组织价值观有益的影响。

帕得亚奇（Padaki，2000）认为，组织成员普遍地把组织事业以及实现其事业方式并转化为持续实践的信念集合，称为组织价值观。这个信念集合是众多信念的交集，还是多种信念的混杂体，抑或是多种信念有机融合、反复整合后最终形成的新个体？假如是第一种状况，那么其中的问题是组织员工个体价值观是否存在交集，是否能生成交集？或者说，这个交集是否能包含所有组织员工的部分价值观？即便存在一个交集，这个交集有多大，是否最终能代表组织本身的利益或价值观？假如是第二种情况，实际上这个组织价值观是不存在的，刘华成、单鑫（2008）认为，组织价值观是在个人价值观以及领导者对员工已有精神的概括、总结并提升的基础上形成的。那么这将形成一个谜，先有组织价值观还是先有个人价值观？可能针对不同性质和不同形式的组织会有不同的答案。对于民营企业来讲，组织价值观可以说就是企业发起人的价值观，所以说先有个人价值观，而后随着组织的发展而逐渐完善；而对于国有企业来讲，组织价值观应该是既定的，所有组织员工必须以此为标准。员工个体价值观或者与组织价值观恰好吻合，或者改变个体价值观逐渐适应组织价值观。

"组织成员在相互作用的成功实践中将会形成期望行为的共同感知，促使员工对组织价值观达成共识。只有大部分组织精英对组织价值观达成共识，组织成员才能意识到群体普遍支持的价值观。"[1] 组织价值观形成的核心是组织精英，如果将组织价值观界定为员工个体价值观交集的话，也并非全体员工个体价值观的交集，只能是组织精英员工价值观的交集，其他员工以此交集为标准，依附于该价值观。组织价值观发展变化的前提基于几种情况：社会（国家）价值观的变化；组织精英个体价值观的变化；组织精英的变化。

（三）国家价值观

不同国家的人们受到地理环境、人文历史以及技术发展等因素的影响，会形成不同的文化价值倾向。在这种价值倾向的驱动下，不同国家的企业在价值观塑造过程中一定程度上都会带有民族色彩。从狭义上讲，国家价值观和社会价值观是两个不同的概念，社会价值观是指特定社会（国家、地区或民族）在其长期的存续发展过程中所形成的、为其全体或多数成员所认同并乐于接受的群体价值取向，是社会价值需求的产物。企业的价值观虽然有其

---

① 刘华成，单鑫. 组织文化的核心——组织价值观［J］. 人才资源开发，2008（11）.

特殊性，但必然也会受到特定社会价值观的影响。社会价值观相对于个体价值观、群体价值观，是一种内在层级上的区别，一种社会学上的分类；而国家价值观相对于个体价值观、组织价值观，是一种文化学上的分类。从广义上讲，国家价值观和社会价值观可以视为同一概念。

国家价值观对个体价值观具有整合功能，"可以从总体上决定人们价值观取向和价值选择，使各不相同的价值观念达到较高的一致性。"（黄进，2010）国家价值观具有凝聚功能，可调节个体、群体之间的价值观差异。国家价值观一旦形成，便具备了社会认可性，内化为人们衡量、评判和裁定事物的标准。这种统一标准将成为一种强大的黏合剂，凝聚了不同的个体和群体，并调节个体与群体之间的差异。

武田耕一（2005）认为，国家文化差异对管理者的思维、态度和行为决策存在一定影响：日本企业在关系取向中重视领导作用，美国企业重视个人作用；日本企业更加重视员工参与决策，美国企业更加强调工作程序的重要性；日本企业倾向于构筑信赖关系，美国企业倾向责任意识；日本企业采用终身雇佣制，强调长期取向，美国企业强调能力的变化，追求短期利益。

第三节　价值观冲突研究

一、价值观冲突研究的相关理论与内容

（一）文化冲突研究

文化冲突具有两个层面的理解，即广义的文化冲突和狭义的文化冲突。广义的文化冲突指同一文化不同层次间的冲突、不同文化间的冲突、带来正面效应的冲突和产生负面效应的冲突。狭义的文化冲突指不同文化之间进行交往时产生的跨文化冲突。

同一个客观事物或者事实，在不同文化视野内，可能会产生不同的意义，因为事物本身并不存在意义，而是由观察者在具体的环境中归结得来的。"桌子"对于学习者来说是学习的工具，对于木匠来说是劳动的产品，对于销售人员来说是获利的媒介。在东方文化中，"桌子"可能使人产生"一群梳着小辫、摇头晃脑的孩子，在带着老花镜的老先生监督之下伏案朗朗读书的私

塾情境"，而在西方人眼中，可能仅仅是孩子们玩弄或摆放自己创作模型的一个空间而已。而同一个信息的表达，不同文化也有不同的方式。与他人相遇，日本人相互间要鞠躬，中国人要握手，而法国人则会拥抱亲吻。作为一种开启交际的媒介，男人间喜欢谈论运动，女人间喜欢谈论服饰。英国人往往会谈论天气，中国人则会谈论饮食。"社会互动性是否有效就在于归结的意义是否和意愿相一致"，或是否存在共同的"预想"。归结意义的不同或预想的差异是导致文化冲突的原因之一。阿德勒（Adler）将导致跨文化交际失败的原因归纳为：无意识文化眼罩（自闭）、文化自省能力的缺位、假定相似性以及乡土观念。归因理论对文化冲突进行了解释，不同的归因倾向会强化或弱化文化间的冲突，甚至形成文化偏见。

奥伯格将文化冲突分为四个阶段：蜜月阶段、冲击阶段、适应阶段和稳定阶段。范徵（2000）将不同文化间的整合分为四个阶段：探索期、碰撞期、磨合期和拓创期。唐炎钊（2012）对不同的民族文化、商业文化和企业文化的整合进行了研究。对于民族文化，要认识文化差异、尊重文化差异，并努力做到求同存异。对于商业文化，要了解所在地的商业文化价值观及商业惯例和营销倾向，基于"全球化"和"本土化"平衡战略的基础，学习对方与坚持自我相平衡，进行商业文化要素的协调。中国的商业文化价值理性层面所强调的"义"和商业运作行为层面所拥有的"关系"价值取向，形成基于"熟人世界"的商业信用保障，但这与西方商业文化或现代市场经济商业文化基于工具理性所形成的"制度信任"和契约精神相违背，不利于中国企业走向世界。中国商业文化中"耐心""和谐""求同存异"等合理的价值理念也是现代市场经济商业文化的终极追求。对于企业文化，应建立统一的价值观，形成一致的行为体系。王利平（2000）将中国传统的管理文化总结为以"修己安人，内圣外王"的个人修养为核心的"儒法互补、兼有兵家权谋"的管理文化，其基本要素为"基于血缘的泛化了的伦理思想和实用理性"，以"协调、和谐、中庸"等中国式智慧（软文化）为原价值，重个人化关系和能力，轻视基于"理性和科学"的组织规范。而西方企业文化自科学管理原理（Tylor，1911）、一般管理理论（Fayol，1925）和行政组织理论（Weber）以来，西方进入了科学管理时代。科学管理的核心理念是"管理的科学化、非人格化以及组织力量"，其基本伦理和元价值体现为"效率、效用、协调和发展"。中西方企业文化的对接，需要中国企业采用"引进学习—相互吸收—融合—创新"的路径。

（二）价值观冲突研究

1. 价值观冲突的内涵

唐炎钊（2012）认为，民族文化、商业文化和企业文化的基本假设都是以民族文化的基本假设为基础，而民族文化的基本假设又是"根深蒂固、难以用语言进行表述"，只能通过价值观和行为因素表现出来。因此，价值观研究是文化研究的核心，而文化冲突的核心内容也便是价值观冲突。

价值观冲突是企业组织冲突的隐性成分和组织部分，是企业冲突的一种形态，它反映了企业内部或外部关系的存在状态。发生冲突的价值观既相互依存，又相互对立；既相互混杂在一起，又不能相互融合；既阻碍组织的发展，又在某种程度上促进组织的发展。

焦国林（2007）认为，价值观冲突的根源在于人的存在和主体尺度上的多层性和多样化。在企业价值观层次，组织行为分为程序性组织行为和非程序性组织行为。程序性组织行为是组织中利益相关者的活动，而不同利益相关者的活动不同，那么组织行为便会不一样；非程序性组织行为的不确定性使得组织行为带有很大的偶然性，这些因素就是导致组织价值观冲突的因素。

陈章龙（2006）认为，当多元价值观无法归结为某一终极价值观、彼此之间不可化约时，如果进行价值观选择，就难免出现冲突。

价值观冲突具有积极和消极两种作用。其积极作用表现为：价值主体认识和反思自身价值观的动力所在；价值观完善、发展的内因；主体性人格提升的契机。其消极作用表现为：导致价值评价和价值选择的错位，引发价值观的非理性建构；影响心理健康发展。

2. 价值观冲突的研究视角

学术界主要从宏观和微观两个视角对价值观冲突进行了研究。宏观层面侧重民族、文化、意识形态间的冲突；微观层面侧重个人价值观冲突，涉及个人与集体、个人与他人和个体自身层面的价值观冲突。

在宏观层面，曹锡仁将中国文化中的传统价值观与现代化的冲突归结为几个方面：现代社会的网络型社会结构与传统的垂直隶属型社会结构之间的冲突；现代性的平等原则与传统的等级制度之间的冲突；现代社会的法治精神与传统的人治理念之间的冲突；现代的民主精神与传统的宗族观念之间的冲突；张扬个性的个体发展需求与崇尚共性的群体原则之间的冲突；创新需求与守旧心理之间的冲突；开放融合与封闭保护之间的冲突；竞争与平均中庸之间的冲突；利益原则与伦理原则之间的冲突；社会发展的消费需要和传统的储蓄积累观念之间的冲突。

在微观层面，个体价值观与群体价值观间的冲突体现为：任何自由都是相对的，不存在绝对的自由。个人在社会活动中，总是要受到他人或者群体的影响或制约，这就会形成个人价值观与群体价值观之间的矛盾和冲突。

在各种价值观冲突中，个体自身内部的价值观冲突最为核心，因为无论何种冲突，最终必将落脚于人这一个体，最终要看人对不同价值观的选择。面临如此众多存在差别甚至彼此矛盾的价值信息和价值体系，选择本身就是一种冲突。而内心已有的价值体系与对新事物的理解、认同、接受也会存在冲突。随着文明的发展和社会的进步，价值观主体意识中的个体能动性增强，个体价值选择的机会和被提供的选择的机会增多，使得个体价值观冲突产生的概率提高。

在价值认知冲突中，存在抽象价值认知和具象价值认知冲突。在谈及"中国梦"和"美国梦"的区别时，一般认为"中国梦"是民族梦，"美国梦"是个人梦，即通过个人努力实现个人价值，取得个人成就。但是，一名美国志愿者来到中国工作，是在实现他的"美国梦"还是在实现"中国梦"？抽象价值观认为，"美国梦"和"中国梦"是完全对立、截然相反的，但对于这一具体事件来讲，"美国梦"和"中国梦"却是统一的。

3. 价值观冲突的特征

价值观冲突表现为内部冲突和外部冲突。

价值观冲突的外部特征表现在几个方面：①普遍性。经济全球化和市场经济的发展使得人员的流动和人际交往更加频繁，加剧了不同价值观之间的相互影响和作用，使得价值观方面的差异和矛盾凸现。②广泛性。价值观冲突广泛存在于思想、道德、政治、法律、文化等领域。③深刻性。一般来讲，行为多是在价值观的指导与影响下发生，但行为冲突仍然属于表层冲突；而价值观涉及信念、信仰、评价标准和价值选择等深层次的问题，价值观冲突则具有深层性。④复杂性。价值观冲突既有来自内部的，又有来自外部的；既有个体与社会的冲突，又有个体与群体、群体与群体、群体与社会的冲突，还有个体自身的冲突。在时间维度上，表现为"新与旧、传统与现代"的冲突，在空间维度上表现为"民族性与世界性、本土化与全球化"的冲突。利益、历史文化背景、信仰和社会制度及意识形态均成为引发价值观冲突的要素。

价值观冲突的内部特征表现为：①异质文化之间的冲突。价值观是文化的核心成分，价值观的冲突实质上也是文化间冲突，是先进文化与落后文化、强势文化与弱势文化、文化霸权与文化主权之间的冲突。②主导价值观之间的冲突。无论是个体、群体、组织，还是社会，都存在不同方面、不同层次的多种价值观，而主导价值观具有决定性作用。价值观之间的冲突，反映了主导价值观之间的差异和不和谐。③价值目标的冲突。价值观的实质是对价值目标的追求，任何价值观都是目标导向的。追求的目标不同，目标之间存在冲突，一定会造成价值观上的冲突。④价值评价冲突。价值观本身就是一种主观评判，评判标准出现不同和差异，自然就会导致价值观冲突。⑤价值选择的冲突。原有价值体系与新价值信息或价值体系的冲突、个体价值要求与社会整体价值要求不一致都会产生机制观的冲突。⑥价值行为的冲突。行为是价值观念的外显，是在价值观指导下的一种实际行动。价值观的冲突多通过价值行为表现出来。该种冲突既可能发生在不同主体之间，也可能发生在同一主体的不同时期或者不同方面。

（三）价值观契合理论：

1. 价值观差异

组织价值观差异研究的范畴主要包括几个层面：个体自身价值观差异（intra – individual difference）、不同个体间价值观差异（inter – individual difference）、个体与组织价值观差异（individual – organization difference）。

"个体自身价值观差异"主要探讨个体期望的组织价值观与实际的组织价值观之间的一致程度对个体行为的影响。奥赖利，查特曼和考德威尔（1991）、郑伯埙（1993）研究发现，个体自身价值观差异越小，个体的工作效能越高。"不同个体间价值观差异"主要探讨不同层级员工价值观之间的契合度，郑伯埙（1993）研究发现，下属价值观与上司价值观的契合度越高，下属的个人表现越好。"个体与组织价值观差异"主要探讨个体感知的组织价值观与真实的组织价值观之间的差异。

美国民族文化的一个典型特征是个人主义，而基于个人主义的企业文化使得个人价值目标和企业价值目标不统一，企业文化缺乏共享价值观，企业依靠规章制度来实现企业目标，员工则仅将企业视为自我价值实现的平台。价值观差异是美国企业的一个主要特征。

2. 价值观契合

查特曼（1989）提出"个人—组织契合度模式"，认为组织价值观是一个桥梁，员工通过它选择与自己价值观相近的组织，同样，组织也借此选择与自己价值观相近的员工；同时，价值观也是一个平台，员工在这个平台上起步、发展，得以实现个体价值观与组织价值观的一致与契合。奥赖利（1991）提出了"个人—文化契合度"概念，认为"个人—组织契合"是"个人—文化契合"的前提和保障。"个人—组织文化契合度"是指个人与组织在文化（或价值观）上的相容性或一致性问题。其中存在两个问题，一是感知契合度，一是实际契合度。前者指个人感知到的组织文化（或价值观）与个人文化（或价值观）的一致程度；后者指组织实际具备的组织文化（或价值观）与个人文化（或价值观）的一致程度。组织价值观尽管是一种意识形态，但一旦确定，也可以认为是一种比较稳定的客观存在。但就个体而言，因每个组织都存在层次不等、强弱不一的组织文化价值观，他们所采取的知觉方式可能有所不同；此外，因个体具有独特的工作经历和个人感知能力，这些将影响他们对组织文化价值观的感知与释义。而组织文化价值观功能是否能正常发挥，是否能内化为组织成员内在的价值观，取决于组织员工对它的认同和接受程度。假如个人—组织文化价值观契合度高，组织文化价值观则容易被认同和接受；假如个人—组织文化价值观契合度低，组织文化价值观则容易被拒绝，个人价值观和组织文化价值观之间的矛盾冲突也便不可避免。个人价值观与组织价值观的契合度与员工的工作态度、工作行为和工作满意度呈正相关关系。

企业文化契合理论认为，企业价值观是影响组织绩效的主要因素之一，而企业价值观发挥作用的关键，在于"组织成员的个人价值观与其所从属的组织价值观的一致和融合"。个体—组织价值观契合对员工行为有积极的促进作用。当个体价值观与组织价值观一致时，员工表现出更高的忠诚度、留职意愿、组织承诺、工作满意度。郑伯埙、郭建志和任金刚（2001）认为，组织价值观能否发挥其功能，在于员工的接受程度。而员工是否能将价值观内化为自己认可的规范信念，取决于员工个体价值观与组织价值观之间的符合度或匹配度。于是，他们提出了"契合度"的概念。西尔和马丁（Siehl & Martin）研究指出，通过在组织成员间建立共享价值观，提升员工的组织承诺、忠诚度、留职意愿、投入度，激发员工的工作热情，提高工作效能，进而提高组织绩效。卡梅伦认为"个人—组织契合度"越高，说明组织成员的核心价值观共享度越高，越有利于组织成员间的沟通，消除矛盾和冲突，实现组织的规范整合功能。规范整合（normative integration）实际上是指核心价值观通过拥有共享的核心价值观产生共同的规范和期待，以此来约束员工的行为，提高员工的工作热情和对组织的忠诚度，使更多的角色外行为得以发生，实现超越制度层面的管理。这就是文化管理、价值观管理的内涵，是个人—文化契合的功能机理。企业文化的共享性是"组织历史的沉淀和成员共同习得过程"（Geertz，1973；Smircich，1983）。价值观是包括愿景、宗旨、企业精神、企业哲学、企业作风在内的一套理念体系，用来约束组织成员的思想行为。所谓价值观共享，就是指组织成员认同并接受组织价值观，并在这个价值观的指导下去思考和行动。韦克（Weick）认为，组织成员价值观的共享，使得组织成员个体价值观与组织价值观达成一致，形成组织以价值观为基础的内在的隐含控制体系（implicit control system）。与以制度和规则为基础的外在明确控制体系（explicit control system）相比，前者更为稳定有效，使组织产生更好的协调行为。企业价值观若能达到组织成员的共享，便会形成共同的参考框架，在此框架下，组织员工可进行良好的沟通。此外，价值观的共享也有助于提高组织的规范整合功能，在意识层面起到对员工的规范约束。黄进（2010）认为，任何一个社会或者组织的价值体系都包含多重价值组合。社会的动态发展以及静态中存在的不同阶层，生成了不同层次的价值系统，为社会成员提供了多元的价值空间及价值选择的自由度。这些组合并不是价值简单而杂乱的堆砌，而是有着"多层面结构、核心价值观主导的系统"，核心价值观具有统率功能，作为一种标准，使系统内其他价值观达到较高的一致性。核心价值观并不能替代其他的价值观，也不能消除其他价值观之间的差别。

无论企业好坏，不同的企业具有不同的企业文化和价值观，世界上并不存在一个统一的文化和价值观模板供大家去仿效，但成功企业的文化和价值观，无论它是硬性的还是软性的，都必将是企业员工信任和认同的，都会具有将企业员工凝聚在一起的向心力。企业文化和价值观难以仿效，但其中的内涵和逻辑是相通的。

3. 价值观契合度的测量

在契合度研究中，对于契合度的测量是一个关注点。从测量途径上看，分为直接测量和间接测量。直接测量主要通过调查问卷设定一些题目直接询问被测试者来实现，间接测量分为两个步骤，首先分别测量个人价值观和组织价值观，在获得二者的数据和信息后，通过一定的标准计算测量二者的契合程度。相对于直接测量，间接测量通过科学、规范的计算来实现，获得的契合度指标更为客观，更能真实反映个人与组织的价值取向和契合关系，成为契合度测量的主要范式（Cable，Judge，1996；Vandenberghe，1999）。关于"契合度"的测量，存在"减差"和"差的绝对值和差平方"（郑伯埙，1992）和"相关度"（O'Really）三种指标评测方式。王晓春指出，目前价值观的测量方法存在的缺陷为：①仅从组织价值观的作用、映射视角，测量员工知觉的组织价值观与组织实际价值观的差异，以此来衡量员工—组织价值观契合度，忽略了员工个体价值观的作用与映射。②"员工—组织价值观契合"研究的基点是："员工—组织价值观契合"的实质是员工个体价值观与组织价值观之间的相似度与相同性。但员工个体之间的差异，要求每个员工的价值观都与组织价值观相一致是不现实的。另外一种情况是，即便员工个体价值观与组织价值观相似度很低，出于各种原因，员工也可能认可和接受组织价值观。"员工价值观和组织价值观契合度与员工价值观和组织价值观的相似度并非必然线性相关"，不能以员工价值观和组织价值观的相似度来衡量员工价值观和组织价值观契合度。③目前研究的"契合度"是一种"静态契合"，没有将员工和组织放到动态发展的过程中探讨二者之间的契合。

（四）价值观冲突的研究方法：博弈

"博弈论也被称为对策论，用来研究决策主体的行为发生直接相互作用时的决策和均衡问题，因此，博弈论是研究企业内部冲突双方交互行为的重要方法。"[1] 对于冲突管理策略，一般的研究都从静态的、单方的角度出发，而实际的状况往往没有这么简单。冲突双方都在关注对方的策略选择，或者对对方将要选择的策略或实施的行为进行猜测与分析，以便使自己的利益最大化。博弈分析中涉及的因素有：①博弈的主体。博弈的主体包括人（个人与群体）、组织（规则或要求）和价值观（不同层次的价值观）。对于人性的研究，不同的学科、不同的研究视角会对其进行不同的假设，如经济人、社会人、理性人等。②博弈主体的承受能力。无论何种冲突，必将给双方带来一定的紧张与压力，因为冲突本身就有一定的风险。从社会动态发展的观点来看，任何事情的发展都存在一定的不确定性和偶然因素，在没有获得成功的那一刻，任何一方都会承受某种程度的压力。在冲突的博弈中，承受力是一

---

[1] 吴勇．我国政府采购寻租行为及其对策研究［D］．南京：南京师范大学，2009．

个重要的因素。在其他因素都不变的情况下，谁能坚持到最后，谁能承受住压力，谁就是最后的获胜者。承受力这一因素与冲突主体的个性特征、文化环境等密切相关。在以"和"为核心的中国文化中，这点尤为突出。大家都喜欢和气，"你好我好大家好"，惧怕冲突，一旦进入冲突的境况之后便想尽快摆脱，不愿"伤了和气""丢了面子"，更不愿承受因此而带来的心理压力，宁愿使自己的利益受到损失。当然，这种情境下往往会产生"老实人总是吃亏"的不公平现象，但假如个体自己的主观意愿或者个性不改变的话，不公平的状况将会持续下去，除非个体变得强硬起来。③信息。这是指博弈内容涉及的信息，即博弈主体进行决策的知识，包括有关博弈对手的信息、博弈环境的信息等。④成本与收益。博弈者在进行决策时往往要考虑所付出的代价与所享有的收益之差，这涉及两个概念，即冲突收益和冲突成本。冲突之所以发生主要原因就是利益之争。利益是一个相当大的范畴概念，既包括狭义的经济利益和物质利益，也包括广义的社会政治地位、荣誉、心理满足、影响力等精神层面的东西。冲突成本是指参与或卷入冲突所付出的代价，包括关系的破裂、精神或物质利益的损失等。⑤决策与行动。决策是博弈的一种选择，行动是决策的结果。

价值观涉及和影响多种关系组合体，人与人的关系、人与组织的关系、组织活动与效率的关系、组织管理模式的取舍关系等。此外，价值观还对个人和组织对其行为规范的选择、组织氛围建设、组织目标的确立和组织运转模式形成发挥决定作用。社会价值观以其内在机制通过三种形式对管理模式发挥作用：一是管理者自身的价值观决定管理活动所需的管理模式；二是不同社会形态的价值观决定具体的管理结构、功能和内容；三是同一社会形态的不同时期对管理的整体要求也有所不同。在组织价值观的形成过程中，存在着多种层次和形式的利益冲突和竞争，如员工个体之间、员工个体和组织之间、该组织和其他组织之间、组织和社会形态之间等，这种冲突和竞争实质上是博弈。博弈论认为，结果的形成取决于博弈双方各自对对方形式的评估、判断以及做出的反应。博弈是否能达成纳什均衡，取决于博弈各方是否能形成正确的预期，并各自取得自己的最优解。博弈存在两种形态：合作博弈与非合作博弈。合作博弈是基于这样一种假设：博弈各方中都存在一个主导方，它能够协调各方达成一项可强制实施的协议，并胁迫各方按照既定的策略行事。因在现实的管理实践中缺乏合作博弈的基础，非合作博弈的形式和事例往往多于合作博弈，但这并不能否认合作博弈仍然是人们在管理实践中寻求的一种有效的管理模式。在价值观层面，合作博弈的思想意味着主导价值观的确立，首先需要协调各种不同的价值观，形成一种"1 + 1 > 2"的合力效应，显示主导价值观的优势。

（五）价值观冲突管理研究

彭永东、朱平（2011）指出，在理论研究方面，我国多元价值观理论研究与现实脱节，社会利益与个体利益失衡关系的研究相对薄弱，问题意识欠缺。他们研究认为：我国目前集体主义价值观、功利主义价值观和利己主义价值观并存，对话、宽容和理解应成为多元价值观发展的主流方向；一元价值观与多元价值观的关系构成价值观发展体系的主要矛盾，用社会主义核心价值观整合多元价值观是解决这一矛盾的关键所在。

胡文慧（2012）指出，当今世界组织主导价值观缺失、核心价值观模糊，组织价值观冲突呈现多样化态势。如何在多元化的价值观冲突中，实现组织的有序经营、个体价值观的判断、组织的合理决策，要从价值观冲突的具体形态、发展动力、具体行动等方面深入发掘和分析，找出价值观冲突的发展规律，实现组织价值观冲突的理性管理。组织价值观冲突理性管理的实质是通过组织价值观对组织行为的整合，挖掘价值观冲突中的有利因素，消除价值观冲突的不利因素，使组织价值观冲突不妨碍组织的发展。对组织价值观进行理性管理的关键是找到组织价值观冲突发展的驱动力。王伟民（2003）认为，建构主导价值观与多元价值取向辩证统一的新价值观体系是解决价值观冲突的有效策略。

二、中西文化与价值观冲突

（一）中国文化与价值观分析

栗陆莎（2006）认为，在华跨国公司的典型性也是中国社会转型期的典型性，即外部环境和内部主体的不一致。随着中国特色市场经济的快速转型，外部的"单位"环境逐渐改变，但长期以来"单位"文化在中国员工身上留下的烙印却很难在短时间内消逝，导致跨国公司夹杂在外部弱化的单位环境和内部本土员工群体顽固的"单位"意识之间。

李好好、孔令锋（2007）研究指出，跨国公司在华面临的问题和挑战有：文化差异（尽管大多跨国公司都有着强势的企业文化、成功的管理模式、卓越的经营业绩，但在一个具有五千年悠久历史文化的国家，文化差异所产生的问题将无论如何是不可避免的）、歧视性经营和漠视企业社会责任（在全球经营中采用非统一的差别性、歧视性政策，轻视中国人的维权意识；承担着与"超国民待遇"完全不匹配的企业社会责任）、商业贿赂（仿效国内公司，采取"异化"策略，对政府部门的"寻租"行为进行"特殊沟通"，形成适应本土市场的"商业贿赂"经营策略）、官僚化与大企业病（总部遥控、决策迟钝、经验错觉、信息传递失真）。

以上问题与中国的传统和现代文化以及价值观不无相关性。

1. 传统文化与价值观分析

（1）"和"文化。中国的传统文化以和为贵，认为"和"是社会的普遍原则，"和也者，天下之达道也"；人类战胜自然的前提条件是人们"和"力之后形成的统一力量不可战胜，"和则一，则多力，多力则强，强则胜物"；强调"和"与"兴"之间的关系，"家和万事兴"；成功取决于"和谐"的环境，特别是人际关系的和谐，"天时不如地利，地利不如人和"。人与人的和谐，人与社会的和谐，人与自然的和谐，是中国文化的核心。这种理念和文化与"冲突"相对，因为冲突是争斗的结果，而争斗只能使事态恶化，"争则乱，乱则穷"；解决冲突的办法就是忍让和妥协退却，所谓"小不忍则乱大谋""退一步海阔天空"。

（2）"平均"思想。中国人的平均思想应该是来源于"中庸之道"。所谓"中"，即不偏不倚，表现在日常生活中则为"不患寡，而患不均"。这种思想不鼓励上进，也不鼓励冒尖，对于那些"第一个吃螃蟹的人"，对于那些敢为人先的人来讲，承担了很大"被打击"的风险。在市场经济还不完善、法制还不健全的社会环境下，很难保证或者很难存在一个完全公开、公正、公平的体系制度，一旦有人利用制度的不完善之处钻"制度的空子"，就会触发传统文化的"平均主义"这根弦，导致冲突发生。

（3）高情境的悟性文化。中国文化是一种悟性文化，悟性文化的问题之一是难沟通，而难沟通的关键在于中国文化的高情境性（也称为"不明言"）。信息表达者故意以一种隐讳的方式表达信息，给信息接收者留下猜测和揣摩的余地。所以在高情境的文化环境中进行沟通时，不能仅顾及表面信息，还要注意言外之意；不仅要关注信息本身，还要察言观色。根据曾仕强对中国文化的分析，中国文化中有阴、阳两大因素，所以中国的语言也有阴、阳两种话语。听得见的叫作阳话，听不见的话叫作阴话。每个人都会讲这两种话语，但两种话语因人与环境的不同所占的比例也不同。在一个单位里，基层员工讲得更多的是阳话，而高层领导讲得更多的是阴话。领导的话很多是客套话，是固定的官话，里面没有太多的实质信息；或者里面有很多隐含的信息，靠员工深深地体会，体会其中的言外之意。能体会到其中意义的，便是高情商者，便是可塑之材。领悟力的差异，是造成误解的一个前提。对于同一个组织任务或者目标，因领悟力的不同，可能会有不同的理解或认识。由于表层信息和深层信息所表达的主体呈非对称状态，表层信息所体现的往往是模糊、虚幻的主体，深层信息所体现的才是真实的主体，这就容易造成理解的差异。此外，领悟力的差异，又可以分为有意识的差异和无意识的差异。无意识的差异具有与生俱来的本质性特点，而有意识的差异则多是因利益所致。当组织目标与部门目标或者个人目标产生差异时，部门或者个人可能会"故意曲解"组织目标，或者单纯从部门目标或者个人目标出发，忽视组织目标。

霍尔（Hall）根据人际沟通的信息及其过程，提出了高情境—低内容和低情境—高内容的两种语言分析框架。情境是指与一个事件相关的子信息，内容是指沟通的信息本身。在高情境环境中，信息的传递与沟通依赖于身体语言、语言发生的环境和上下文的联系，所要表达的信息含蓄，人们也惯于对这种含蓄的语言进行各种猜疑或释义。高情境文化中的沟通属于过程导向型的间接沟通，其关键在于信息接受者对信息进行诠释的基础、过程和结果，这种沟通方式往往会导致决策缓慢；在低情境环境中，信息本身由清晰明了的语言符号来表示，信息内容也清楚明白。低情境文化中的沟通属于发送导向型的直接沟通，其关键在于信息发送者能够对信息进行清晰准确的编码，以便保证信息接受者能准确无误地对信息进行解码。直接沟通的优点在于省去了信息收集和分析的时间，能够迅速做出决策。

马春光（2004）将高、低情境文化之间的表现进行归结，具体内容如表3-8所示。

表3-8　高、低情境文化之间的表现

高情境	低情境
关系基础较为长远，存在依赖感	关系基础较为短暂，不存在依赖感
沟通含蓄，要理解对方话语的含义	信息明确，要准确表达意思
上级对下属有责任感，下级对上级有忠诚感	领导作用体现在各个官僚机构之中，上级对下属不负个人责任

高情境	低情境
口头协议多于书面协议	书面协议多于口头协议
存在"圈内人"和"圈外人"的区别，二者之间无法融合	不存在"圈内人"和"圈外人"的区别，鼓励组织融合

中国"高情境—低内容"的语言特色体现为"模棱两可、含糊其辞"。不同文化领域的禁忌和特殊要求导致语言交流存在障碍，语言交流的需要促使一些似是而非、含糊其辞的语言表达应运而生，近来社会上极为流行的"你懂的……"便是一个很好的例子。有人将"你懂的……"这个颇具中国特色的表达等同于英语表达中的"you know"，其实不然。英语中的"you know"具有两个含义：一个含义是"用以提醒某人"；另外一个含义是"用于说话时思索中做口头语，无甚意义"。而中国人所热衷的"你懂得……"却暗含了"大家心知肚明，但又不便于直言道出的感觉"。"话语有公域和私域之分"。在私人的交往之间，有时为了照顾到面子或感情，有些话大家可以不必说穿，点到为止，意在心领神会。但公域则不同，公域之中的陌生人具有不同的文化背景和价值观，信息的传递需要编码者自身的诚实和编码过程与编码本身"公开、准确和明晰"，"一是一，二是二"，既然"心知肚明"，便不该"心照不宣"，而是应该清清楚楚、明明白白地表述出来。"模棱两可、含糊其辞"的含义是"隐瞒和欺骗"。"话留三分、石中藏玉"，在"高情境—低内容"的文化中，或许是为了避免尴尬或不适而心存的一种默契，但在与异质文化的交流中，无疑是造成交流障碍或导致交流失败的重要因素。

（4）关系文化。黄江泉（2011）认为，中国的人际关系结构存在两种观点：一种是"内耗"和"冲突"的，是"一盘散沙"的"个人狭隘主义""看客心理"（持此观点的如梁启超、孙中山、鲁迅、柏杨等）；另一种是"整合"或"内聚"的（持此观点的如梁漱溟、林语堂等）。但无论何种观点，人际关系都是中国的特色文化。"关系"翻译成英文只能是音译"guanxi"，因为西方并没有类似的文化。俞文钊（1991）研究发现，人际关系与工作成就、发展机会是激励员工的三大因素。费尔南德斯和安德伍德（Femander & Underwood，2010）从商业经济角度对"关系"进行了分析，认为建立关系的前提是双方利益交换的需求，关系作为满足实现这种需求媒介，发挥着"社会货币"的功能。甲方给予乙方利益（便利、帮助或好处），甲方便进行了前期的投资，或者说甲方具有和乙方进行利益交换或向乙方进行兑换的资本盈余；乙方也会待价而沽，综合考虑自己的收益后进行"回馈"。这种关系的性质并不一定反映违背社会道德的违法交易和暗箱操作甚至行贿受贿，尽管在中国文化环境下，关系的这一非正当色彩可能更鲜明些，但通过建立关系而拉近双方的距离、增进情感和加大进行商业合作的可能性这一点是毋庸置疑的。

关系具有三个层次，内部关系（上下级之间）、外部关系（客户、供应商和政府部门之间）和系统性关系（与母公司、其他地域的子公司之间）。

费尔南德斯和安德伍德将跨国公司针对"关系"的态度描述为"一方面防范由关系引发的腐败，一方面寻找能够在道德原则范围内适应本地的做法"。跨国公司的管理人员承认"关系"在中国的特殊性，但也看到了随着中国商业环境发展的国际化和标准化，"关系"的内涵也在发生质的改变，"关系"的建立和培养不一定要涉及腐败的范畴。"关系"的重要与中国的高情境文化不无相关。高情境文化中语言的含糊性不仅体现在口语中，在书面表达中也同样有所体现；不仅存在于日常的交流和交际中，即便在一些正规、严禁的法律文件中也不乏其词。"中国的商业法律往往由隐晦的条款组成，而把解释权留给具体执行的官员"，这是"关系"产生和发挥作用的基础。而在低情境的文化中，政策中的语言表达明确，程序清晰，一切按照标准化行事，"关系"便不再重要。

余凯成（2000）总结了对中国商务与国际交往影响显著的七个文化因素，其中，"大家庭制"和"关系导向"均与关系相关。范徵（2004）分析认为，中国的人际关系方面表现为大家庭制，行为方式方面表现为关系导向。"关系"是中国文化特有的成分因素，指人的社会联系和人际交往网络，特别指通过非正式渠道交往关系，因此，也往往被狭义地理解为"后门"。在中国环境下，商业活动的成功与否与"合作伙伴、客户以及政府方面"关系的密切程度相关。堂炎钊、张丽明和陈志斌（2012）认为，中国商业文化的"关系取向、泛家族式的网络取向"等不利于中国企业从"熟人文化"走向"陌生人文化"。

（5）面子文化。马春光（2004）指出，面子是社会性的自我描述，其背后是经由成功与显赫而获得的社会地位和声望。在交际中保存面子的主要策略是"以礼相待"，或通过言语来表达礼貌。"面子"不是中国文化的专属，而是具有全人类的属性。但在文化重要性的排序上，中国将其放在首位。面子背后是敏感。

马春光（2004）指出，中国传统文化对中国企业价值观具有积极影响和消极影响。积极影响表现为以人为本的管理理念、自强不息的企业家精神、依靠群众的参与式管理、道德教化的企业行为。消极的影响表现为：缘于等级制度的特权思想和专断管理，血缘、学缘、地缘以及利益关系等结成的关系网络，缺乏合作精神的"封闭心理"和具有"螃蟹文化"特征的内耗，信用危机，不重视质量，随意性、人治管理，缺乏创新性，急功近利。

2. 现代文化与价值观分析

有研究认为，中国国家价值观主要是在马克思主义、中国传统文化、西方文化三种文化模式的碰撞、冲突、选择、融合中形成的，但其核心仍然是儒家传统价值观。也有研究指出，中国目前的文化并非"儒家"文化，所以，很多传统儒家的观点也并非目前中国普遍接受的价值观。一般认为，儒教是中国文化的根基，白彤东（2014）提出了不同的看法。即便在独尊儒术的汉代，汉宣帝也认为儒教是制衡皇权的。在文化上，儒道释三家相互影响。在现代社会，经过了百余年的反传统、特别是前三十年激进主义的摧毁和后三十年"原始资本主义的强拆"，中国文化中的传统与儒教思想已经存之甚微。

余凯成（2000）总结了对中国商务与国际交往影响显著的七个文化因素（爱国主义敏感性、小生产者心态、大家庭制、关系导向、务虚先于务实、礼貌和耐心），认为它们以"大家庭制"为核心，呈"钻石型"结构，相互联系并发生作用。范徵（2004）搭建了国际商务沟通中的七种基本文化倾向框架，在此框架下对这七种文化因素进行了分析，具体体现为：①世界观方面表现为爱国主义敏感性。个人、集体和国家形成统一体，为了民族大义可以放弃个人小利，民族感情不容伤害。②人性论上表现为小生产者心态。随着中国特色社会主义市场经济的推行，中国传统文化中的"性善论"逐渐让步于"中性论"与"性恶论"；"诚信"与"信任"被"造假"和"怀疑"代替，这是"小生产者"文化劣根性的体现。③人际关系方面表现为大家庭制。组织就是一个家庭，家庭要呵护每个成员，成员要为家庭奉献付出；成员归属、依附于组织，组织为成员负责。"修身、齐家、治国、平天下"的传统文化理念就是这一模式的思想基础。④行为方式方面表现为关系导向。"关系"是中国文化特有的成分因素，是指人的社会联系和人际交往网络，特别是指通过非正式渠道交往的关系，因此也往往被狭义地理解为"后门"。在中国环境下，商业活动的成功与否与"合作伙伴、客户以及政府方面"关系的密切程度相关。⑤思维方式方面表现为务虚先于务实。中国哲学的方法论强调整体性思维，先原则后具体，先整体后部分，先大后小，先主后次，呈现为典型的曲线式形象思维，反映到商务环境中，先谈空话或虚话，兜圈子，回避实质性问题，即务虚先于务实。⑥空间方面表现为礼貌。中华民族历来为"礼仪之邦"，中国文化推崇"中庸之道"，强调含蓄与谦让，顾及对方的面子。⑦时间方面表现为耐心。中华民族注重历史，强调传统，强调"以史为鉴"；同时又看重未来，关注长远，喜欢"未雨绸缪"。范徵（2004）认为，中国文化是"过去与未来的混合体"。

中国现代文化价值观的形成和表现与以下因素相关。

（1）特殊的政府。相对于西方国家的政府，中国的政府在经济上拥有更多的话语权。跨国公司和政府之间，特别是地方政府之间建立一种"特殊关系"，几乎已经成为一种公认的"潜规则"。

（2）畸形的"官本位"思想。企业内部浓重的"官本位"思想导致企业在管理实践中，员工在职业发展上产生严重的行政化导向，"职务提升"成为员工激励和员工职业发展的"独木桥"。在人治大于法治的文化氛围下，领导权威超越"制度的笼子"，员工在其忠诚的客体上（上级领导还是工作）产生困惑，导致员工职业非理性发展，也容易导致"头硬、腰软、大尾巴"（领导层官僚习气重、政策的出台没有经过缜密的调研，易形成武断的决策；中间管理层体系混乱，上传下达效率不高，上层政策不能很好执行；有实力、有背景的团体或个人自行其是、我行我素，置政策于不顾）。

（3）双重职能的工会。中国企业，特别是在华跨国公司内的工会呈现出一种特殊的工会文化——"维权（服务于工会成员和组织大众）"与"维稳（服务于政府或资方）"的对立。在跨国公司与工会发生冲突时，政府的角色和倾向会是怎样的呢？沃尔玛湖南常德店自发领导工人维权，是近几十年来跨国公司内部中国工会自发组织的有影响力发声。在中国文化环境中，在中国特色的社会主义市场经济体制下，中国政府会做出何种反应？沃尔玛湖南常德店因销售利润原因关闭停业时，并没有按照正规的程序，提前一个月内告知员工、召开大会，而是想通过一些微不足道的补偿解散员工。沃尔玛湖南常德店工会便组织工人进行一些诉求工作。员工们认为，"尊重个人、服务顾客、追求卓越"是沃尔玛的价值观，但从它对员工的态度和行为来看，至少已经违反了这个价值观的第一条原则。双方进行多轮谈判未果，关键因素在于未就"闭店安置补偿措施"这一点达成一致。而若同意劳方或工会的要求，则需要到美国总部获取权限，而且对以后出现的门店关闭政策都会产生影响。这其中便牵涉到了两个问题：一个问题是跨国公司母、子公司权限的问题，或者说是跨国公司母、子公司政策一致性的问题；另一个问题便是子公司本土化程度问题。在矛盾不可化解之时，沃尔玛希望诉诸"劳动仲裁或法院"，而劳方或工会则开始进行抵抗，国际工会组织和美国劳联—产联（AFL–CIO）发表声明支持沃尔玛常德店的诉求，但常德市总工会传达的指示却是"可以维权，但不要'政治化、扩大化'"，警方带着救护车到沃尔玛常德店进行清场，还将两名员工强行带走，更让这个跨国公司内的中国工会组织困惑："为什么资方还没有回到谈判桌上（因几次谈判未果，资方拒绝再次进行谈判），仲裁仍未开始，政府就出动力量帮助资方了？"是出于国内生产总值的考虑，将老板利益看得过重；还是出于"维稳"，将政治作为第一要素？在这个过程中，政府不同部门（其中包含"市总工会"这个具有特殊身份的机构）的态度都处于一种"不可捉摸"和"难以摸透"的变化之中。但当员工试图再次组织沃尔玛的闭店清场时，沃尔玛工会主席（这一头衔也颇具特色）接到了市总工会的指示："不能阻挡，否则出现的严重后果将由工会主席负责。"沃尔玛闭店清场的卡车顺利开出。

马春光（2004）在《国际企业跨文化管理》一书中写道，作为世界最大的超市零售商，沃尔玛在中国的分支机构没有工会，尽管经过各方面的努力，成立工会的进展也不大。在京的 5 000 多家外资企业中，仅有 2 000 家有工会组织。"没有工会"应该是沃尔玛的一个文化传统，但这一传统在比较重视工会组织的中国文化环境中是否能持续下去，这不仅对沃尔玛，对跨国公司的文化建设都具有示范效应。

跨国公司的工会组织是一个什么样的组织？官方组织还是民间组织？是否也与其他地方的工会组织具有相同或相似的功能？中国的工会组织无疑是中国企业走出中国成为跨国公司或跨国公司在中国的分支机构或子公司特别需要关注的一种组织文化现象。它既代表工人，又在政府的领导之下；既服务于员工的"维权"，又服务于政府的"维稳"。而在中国高权力距离文化的影响下，政府的因素必然更为突出。

（4）匮乏的沟通。栗陆莎（2006）认为，中国"单位"文化的一个显著特点就是"沟通匮乏"，在官僚组织架构中，正式的沟通总是通过自上而下的命令传达方式，而从决策、授权到责任承担仅限于少数人。长期以来，正式信息传播的途径窄，信息覆盖的范围小，造成了少数人对信息的垄断。这样一来，一方面减少了员工进行信息交流的机会，进而削弱了主动进行信息沟通意愿，导致其信息沟通能力低下。但另一方面，正常信息沟通渠道的阻塞并未使员工丧失信息诉求的好奇心和兴趣，反而激发了打小报告、猜测、造谣、发牢骚等非正常沟通渠道的潜力，形成中国"单位"文化的一道较为独特的风景线：会上不说，会后乱说；人前一套，背后一套。在这种文化下，信息的真实含义被篡改，沟通的价值被扭曲，人际信任失去了基础。

（5）单一的"物质（包括权力和金钱）"信仰。获得权力或者金钱是衡量成功的唯一标准。中国的竞争往往是一种"零—和"的同质性博弈，即"你上意味着我不能上或者我下，你赢意味着我不能赢或者我输"。一则故事讲到中国人与犹太人的区别。在一个新的陌生环境，一个中国人开了一家餐馆获利之后，紧接着第二个、第三个或更多人同样开起了餐馆；而一个犹太人开了一家餐馆之后，第二个犹太人开了一家理发馆，第三个人开了一家超市……。中国人长期以来的"官本位"文化，使得人们总是"千军万马挤独木桥"，不知道如何通过合作的方式获得共同的成功。合作需要进行明确的沟通，而竞争、特别是"零—和"状态下的竞争，则需要与他人进行非真诚、非正常、非正当渠道的沟通。

（二）中西文化与价值观对比分析

管理概念和具体内容是否具有跨国移植性？罗宾斯（1994）认为，欧美国家形成的管理概念及其内涵适用于绝大多数的发达国家，但在印度、中国、智利等发展中国家则必须对其进行修正，因为不同国家之间特别是中西方国家之间，在很多方面特别是文化和价值观领域存在显著的区别。人力资源管理也是如此，人力资源管理具有"强烈的文化特质（人性化与个性化的特点），任何一个国家的人力资源管理制度或方法都不能直接照搬到另外一个国家"（林新奇，2004）。跨国公司价值观管理的目的是实现全球化条件下的不同价值理念的融合与提升，克服跨国公司内部异质文化间的冲突，实现不同文化背景、不同价值观理念下人力资源的有效管理。

1. 中西方价值观比较方面的研究

（1）跨文化价值观体系研究。价值观是"一种持久的信念，一种行为模式或终极状态的生存模式要好于对立的行为模式或终极状态的生存模式"

（Rokeach，1973）。文化价值观是"个人所处的文化要求个人行为必须遵守的规范性信念，是一种群体共享的信念"。

在跨文化的价值观体系层面开展的研究，如表 3 - 9 所示。

表 3 - 9　在跨文化的价值观体系层面的研究

研究人员	研究内容
胡文仲、高一虹（1994）	中西价值观差异的四个方面：个人与集体——"个人主义"的褒与贬；人与外部世界——"一"与"多"；思维方式——整体与分析；知识与价值——真与善
奥立弗（Oliver，1994）	将中国的文化价值观分为天人合一、人与自身、关系导向、时间导向和个人活动导向等五个方面，又在此基础上细分为 12 个维度：和谐宇宙观；缘；自卑心理；情景导向；尊重权威；相互依赖；群体取向；面子；持续；过去导向；中庸；与他人保持和谐
贾玉新（1997）	中西价值观对比研究的六个尺度：天人合一/天人相分；群体取向/个体取向；求变/求稳；做人/做事；性善论/性恶论；过去取向/未来取向
施瓦茨（Schwartz，1999）	在对 49 个国家进行调查的基础上提出了保守主义/自治、等级制度/平均主义、控制/和谐三类文化价值观体系，并分为七个维度：保守主义、感情自治、理智自治、等级制度、平均主义、控制、和谐
刘世雄（2005）	中国文化价值观系统的七个维度：长期导向/短期导向、人/宇宙、不确定性规避、物质主义、时间导向、集体主义/个人主义、情绪化/情绪中性
缪仁炳（2006）	综合霍夫斯泰德和琼潘纳斯部分价值观维度，关注群体特征，得出民族文化价值观体系维度：权利距离、不确定规避、个人主义/集体主义、男性化/女性化、因袭/业绩导向

（2）中西文化行为和物化层比较。行为和物化层是文化的最表层，受文化价值观影响，不同的文化在行为和物化层存在差异。不同学者在该层的具体内容上有不同看法，如表 3 - 10 所示。

表 3 - 10　中西文化行为和物化层比较

研究人员	观点与主张
霍格特斯（Hodgttes，2002）	文化表层涉及语言、食品、建筑物和艺术四个方面
张胜新（2002）	文化表层包括建筑风格、穿着打扮、言谈举止、习俗礼仪

续表

研究人员	观点与主张
陈晓萍（2006）	表层文化体现为外在物品，包括：语言、服饰、音乐、建筑物、食品、艺术品、电影、绘画、商品市场
唐炎钊（2012）	文化表层包括语言、法律制度和社会规则、人际交往方式（交往风格、公共场合行为、隐私）、宗教习俗

2. 文化与价值观差异分析

（1）不同类型文化价值观差异分析。西方价值观以个人主义为基础，崇尚理性和制度，敢于追求物质功利；中国价值观是群体本位主义价值观，崇尚个体服从于群体，崇尚人治，采取重义轻利的价值取向，认同"中庸"观念，缺乏冒险创新精神。当然，中西价值观之间也存在很多相通之处，但以上差别是导致价值观冲突的根源。集体主义以及个人利益服从集体利益、个人价值在整体价值中才能得以体现的人文精神是中国社会价值观的核心；个体主义以及崇尚个体利益，强调个体差异性和独立、竞争思想的人文精神是西方社会价值观的核心。中国社会价值观强调人与人之间的和谐相处高于竞争，共性高于差异性，"君子和而不同"，人们在互相依存的共同体中寻求各自的利益；西方社会价值观注重个体的追求和成功，强调独立和个人价值的实现。两种价值观的形成与不同文化背景下的思维方式无不相关。中国传统的思维注重综合，善于形象思维，强调均衡与统一；西方传统的思维注重逻辑的推理与演绎，善于抽象思维，强调细节和局部。不同的社会价值观影响和制约着企业和组织的管理模式。中国的社会价值观决定了中国典型的管理模式是以儒家思想为主体，以道德教化为主线，强调稳定和统一，追求平均和共存，以期达到内部和谐状态；西方的社会价值观决定了西方典型的管理模式是以科学管理为主体，以理性为主线，强调变革和差异，追求变革和发展，以期实现效率与效益的最优。

但中西方价值观的发展却存在一个反向的过程。台湾学者杨国枢指出，中国过去是一个泛道德的社会，道德价值尤其重要。但是，知识阶层中又标榜立德、立功、立言，使道德价值与以功名事业为体现的富贵价值同等重要，都成为人们追求的目标。后受"为富不仁""人无横财不富"等思维影响，道德价值贬降为追求富贵的工具，金钱成了唯一的追求目标，人们为了富贵，道德沦丧。这时目标变成了工具，工具变成了目标。西方企业价值观的发展却是一个反向的过程：从"以物为本"的哲学思想向"以人为本"的哲学思想发展，从以"个体卓越"为目标向"整体和谐"为目标发展，从"刚性管理"向"柔性管理"过渡，从"单一利益主体"向"兼顾利益相关者"转变。

美国人在遇到问题或矛盾时习惯于诉诸法律或制度，认为这是一种极为自然的反应；而中国的管理很大程度上实行的是人治，在很多情况下，人们出了问题或者遇到解决不了的问题首先考虑到的是找领导，通过人情关系来解决。

基于民族历史的背景，美国人充满了创新和进取精神，而中国人却趋于保守，安于现状。美国人表现出很强的"竞争意识"，中国人却喜欢吃"大锅饭"，搞平均主义。

中国人在思维方式上重集体，强调直觉（中医上的"望、闻、问、切"就是该文化的集中体现），喜欢做定性研究，理论与实践往往脱节；美国人重个体，强调逻实证和辑推理的理性，喜欢做定量研究（西医上的解剖分析，检测、化验是该文化的体现）。因为中国人有定性描述倾向，习惯通过"估计"得出"大概、大约"和"差不多"这样的结论；而西方人多开展定量研究，强调通过分工合作而得出"精确、精准"的结论。

美国人崇尚"实用主义"哲学，在管理上注重制度和规则的完善，忽视人的"精神"所发挥的作用；日本企业注重传统的家族管理意识，强调团队精神、组织凝聚力、员工忠诚和集团竞争精神；中国传统上以家庭为中心的小农经济使得人与人之间的关系建立在血缘、亲缘和地缘的基础之上，合作仅仅体现在家庭或者以家庭为核心的小团体内部，而非集体组织和社会中，造就了"帮派体系"，以及人与人之间、部门之间、组织之间的"扯皮"与"窝里斗"的现象。

日本的松本厚治对日本、中国、美国三个国家的企业管理模式进行了研究，结论如下面所述。

日本企业实行终身雇佣制、年功序列制、平均分配制、福利制，不会导致"铁饭碗""大锅饭"平均主义等负面效应，增加了员工的忠诚度和归属感。工会与企业既非对立关系，也不是从属关系，遇到问题采取内部协商的方式解决。员工具有主人翁精神，与企业所有者和管理者共同承担内部管理和外部发展的责任。

中国企业将计划经济体制下的企业管理模式冠名为"观念论"上的主人

翁管理模式。"主人翁"仅是一种感觉假象，并非实质存在，导致员工做事不认真，劳动生产率低。中国国有企业的任命方式导致企业领导只对上负责，注重短期效益，而不关心企业长远的生存和发展。

欧美企业具有既能保障股东利益又不妨碍管理者进行自主管理，企业所有者还能对企业管理者进行监督的相互制衡的治理结构和运行机制。但董事会权力过于集中，导致员工对企业缺乏认同感，对企业建设和决策缺乏参与精神；而欧美民族文化（将欧美视为文化一体）的短期价值取向又使得员工具有较差的稳定性，与企业长期利益具有较小的假重叠区域。

张广宁（2011）也对中国、日本、美国三个国家的文化进行了对比研究，如表3-11所示。

表3-11　中国、日本、美国文化对比

	文化内容
中国	"天人合一"的群体和谐观；"情、理、法"的人际关系论；"伦理之上"的差序格局；"崇尚权威"的高权力距离；"求稳怕变"的强不确定性规避；"不患寡而患不均"的平均主义；"家国一体"的集体主义；"协调折中"的中庸之道；孝道
日本	"共同发展"的家族精神；"自我约束"的"和"文化；"协调合作"的集体本位主义；"忠诚、奉献"的"忠""孝"文化；"岛国意识"造就的学习精神和民族感；"企业与国家"一致的价值取向；"注重教育"的国民培养观
美国	"自我实现"的个人主义；"功利务实"的实用主义；"冒险进取"的英雄主义；民主与平等；"变革破旧"的创新精神；"法、理、情"的契约精神

中国、日本、美国文化在其他方面的比较分析，如表3-12所示。

表3-12　中国、日本、美国文化在其他方面的比较

	中国	日本	美国
语言	汉语为母语，英语为主要国际交流语言，英语读写能力较强	日语为母语，英语为主要国际交流语言，英语交流能力较差	英语为母语
沟通方式	语言含蓄，信息模糊，很少提出反对意见	表达委婉含蓄，间接沟通	立场鲜明，沟通直接，善用数据说明问题

	中 国	日 本	美 国
信任	基于"血缘、学缘、乡缘"的信任网络	对整个社会都具有高度信任感	基于制度的"信任"
人际关系	情、理、法	理、法、情	法、理、情
人事制度	国企领导属于组织委任,民营企业员工一般为家庭成员;考核参照工作动机、态度和资历	注重员工培训以及不同岗位之间的交流	不论资排辈,讲究实力,唯才是用,看中结果
团队	团队多临时组建,团队利益高于个人利益,个人倾向于服从团队	注重团队建设,团队是企业的主要工作形式,注重员工间合作	多为"自由团队",团队成员更相信自己的能力,竞争力大
决策	多用投票方式,领导拍板。决策被动迟缓,员工参与率低下	"U形"决策,先自上而下提出设想,再自下而上反馈建议	个人主义本位的直线式决策,高层决策,基层执行监督
参与度	参与度低	参与度高	参与度高
绩效管理	注重形式和结果,看重背景和关系	能力、资历和适应性的平衡;晋升缓慢	职位分析、强能力、快晋升
忠诚度	更倾向于"忠诚于个人利益"	"以社为家",忠诚于企业	以市场价值为核心的契约雇佣关系,忠诚于职业

林新奇(2004)基于内部管理(组织、人事、决策、沟通)、外部经营(市场、客户)、技术与产品、战略维度,将日本、美国、中国的管理模式归结 HHP(housewife,husband,paternalism)模式,日本属于主妇型管理,美国是丈夫型管理,中国是家长制管理。

帕斯卡尔和阿索斯(2011)选择了日本的 Panasonic 公司和美国的 T & T 公司这两个具有典型代表性的企业,在组织结构、企业战略、规章制度、核心技能、企业员工、工作作风、最高目标等几个方面进行对比研究,发现在组织结构、企业战略和公司制度等"硬件"方面,二者没有显著差别;但日本企业更加重视核心技能、企业员工、工作作风、最高目标等"软件"。

(2)同类文化价值观差异分析。文化差异不仅仅存在中西方之间,即便是文化极为相近的东亚国家之间,深受基督教文化影响的欧洲各国之间,也存在一定的差异。以中国、韩国两个东亚国家和西欧、北欧、东欧和南欧为例进行分析，如表 3 - 13、表 3 - 14 和表 3 - 15 所示。

表 3 - 13　中国、韩国基于霍夫斯泰德的国家文化维度的比较

	中　国	韩　国
权利距离（社会承认的权利在组织和机构中的不平等的分配范围）	自由散漫，不愿绝对地服从，对来自上级的指示有自己的理解，喜欢自行其是，不愿依照执行	绝对服从的"军队文化"，使得韩国员工对于上级和长辈言听计从，毫无怨言
长/短时间观念（长期利益/短期利益的价值观，面向未来/面向过去与现在的价值观）	在消费观念上，认可产品的使用功能，能用即可。在预算资金上，注重节俭和储备	在消费观念上，喜欢产品的更新换代。在预算资金上，将预算额度最大化执行，认为这是完成业务量的标准
个人主义/集体主义（亦即集体观，一个人和他人之间关系的紧密程度）	工作更为偏重个人利益，只关注上级布置的具体任务，不主动承担计划外的事情，事不关己，高高挂起	具有大家族精神。以企业利益为核心，将企业的事视为自己的事，主人翁精神，对企业承担无限责任
男性化/女性化（性别观，男性/女性所处的社会地位和所起的作用，及男性所代表的成就、金钱、自信和武断等价值观或女性所代表的人际关系、谦虚、对弱者的关切等价值观在社会中的地位）	能否离开岗位取决于下班的时间点，而不是任务本身，认为下班后的时间属于自己，为单位加班属于额外工作，要付"加班费"	任务导向，下班时是否可以离开岗位取决于是否完成了当天的任务，没有"加班"与否的感觉
不确定性规避（风险观，对未来世界存在的不确定性和模糊性的感觉。强不确定性规避表现为坚持和固守，弱不确定性规避表现为容忍）	能站在对方的角度，坚持相互尊重、谅解与宽容	能站在对方的角度，坚持相互尊重、谅解与宽容

表 3 - 14　日本跨国公司反映出的中、日间的理解差（对同一件事情理解的偏差）

日本企业眼中的中国人（困惑的日本人）	中国人眼中的日资企业（抱怨的中国人）
中国不喜欢日资企业	日资企业工资太低，提升太慢
日资企业里中国人才匮乏	日本、中国员工待遇标准不一致

日本企业眼中的中国人（困惑的日本人）	中国人眼中的日资企业（抱怨的中国人）
现场作业员工事事都要靠教	要求死板，纪律烦琐
不明确奖金就不认真工作	不信任我们
不明白中国员工想什么？	企业怎么发展？我们的前途在哪？
为何规则倾向于"性恶论"而不是"性善论"	日式组织关系太难理解

表 3-15　欧洲管理模式特点的比较

层　面	西　欧	东　欧	北　欧	南　欧
公司管理模式	商业性	工业式	管理式	家庭式
管理特征	经验感觉	发展直觉	职业思想	交际感觉
机构模式	推销术交易	生产体制	控制等级制	人事网络
社会思想意识	实用主义的自由市场	完整的社会市场	国家的统治	人道主义公有制

资料来源：欧洲管理模式特点的比较是在林新奇所著《国际人力资源管理》一书中"欧洲管理特点的比较"基础上总结、提炼而成的。

第四章 在华跨国公司内部
价值观冲突研究

第一节 跨国公司研究

一、跨国公司的内涵

（一）概念界定

跨国公司又称国际公司、多国公司、超国家公司、全球企业[①]等，指由两个或两个以上国家的经济实体所组成，并从事生产、销售和其他经营活动的国际性大型企业。对于跨国公司概念内涵的理解，存在多种观点。第一种观点从经营范围视角出发，认为跨国公司的企业经营活动具有范围超越母国的行为特征。第二种观点从企业在他国拥有的资产视角出发，认为跨国公司具有在多国拥有生产设备等资产特征。第三种观点从股权、管理权等视角出发，认为跨国公司在生产经营、研发制造、管理和股权等方面具有多国性。第四种观点从国外资产的数量和经营规模视角出发，认为跨国公司"跨越4~5个国家"，拥有"25%或者更多的国外业务份额"等（林新奇，2004）。1974年，联合国将跨国经营企业统称为"跨国公司"（transnational corporations）。范徵（2004）对"国际企业"和"跨国公司"进行区别，认为前者是指"跨越两国或两国以上国家进行经营的企业活动，其生产要素、产品和服务具有跨国流动性特征"，后者是指"在两个或更多国家控制着工厂、矿山、销售机构和其他资产的所有企业"。跨国公司是世界经济经历了产品和资本的国际化而日渐走向生产国际化的时代产物。跨国公司一般是以本国为基地，通过对外直接投资，在世界各地设立投资机构或分公司，从事国际化生产和经营

[①] 也有专家对跨国公司和全球公司进行了区别，如李好好、孔令锋（2007）认为，如果公司的驻外机构在经营上保持各自的独立，则为跨国公司；如果公司在其他国家所开设的子/分公司被视为总部的一个部分并由总部负责经营管理，则为全球公司

活动的垄断企业。跨国公司虽然覆盖面广,分支机构遍布全球各地,但它以完善的价值体系和成熟的管理观念以及模式化的行为制度,在全球范围内传播着其所秉承的商业文化。

跨国公司不仅是一个组织概念,而且是一个时代的概念,是人类社会的经济政治发展到一定阶段后的必然产物。跨国公司是全球治理的一种主要物化载体,其多维主体和多样性与统一性、异质性与同质性共存思维方式,使得价值观的多元化成为必然。跨国公司的价值观不是某一国家或民族的纯粹价值观,作为一种非政府组织,跨国公司价值观必然受到民族价值观的影响,但绝不是完全民族化的价值观的照搬。跨国公司是一个非政府组织,但其价值观却承载着政府组织的许多价值观理念。

(二)跨国公司的功能

跨国公司作为世界经济和政治中重要的力量,不仅对东道国和母国的政治经济决策产生作用,而且对母国和东道国的经贸关系有着重大影响。

李好好、孔令锋(2007)认为,跨国公司对中国经济存在积极和消极两个方面的影响。积极影响表现为经济的总量增长、贸易结构优化、国际收支状况改善、技术进步、管理提升、人才合理配置等。消极影响表现在与国内企业形成竞争、影响国家安全稳定、拉大区域经济差距、国有资产流失、贸易环境恶化、资源消耗与环境污染等方面。

跨国公司在政治经济行为方面形成的关系分为三种:母公司与母国政府、国外子公司与东道国政府、跨国公司与国际社会。在国际关系活动中,跨国公司不只是国际社会的被动接受者,其目标会与政府和社会的目标发生相互作用。当二者目标一致时,二者会相得益彰;当二者目标相左时,可能会对本国外交政策造成冲击,这时,或者跨国公司游说政府改变外交政策,或者政府通过强制手段改变跨国公司行为。

(三)跨国公司的特征

跨国公司具有三个方面的特征:设在两个或两个以上国家的实体,不管这些实体的法律形式和领域如何;在一个决策体系下进行经营,能通过一个或几个决策中心采取一致对策和共同战略;各实体通过股权或其他方式形成的联系,使其中的一个或几个实体可能对其他实体施加重大影响,特别是同其他实体分享知识资源和分担责任。

佩德森和彼得森提出了跨国企业的四要素:市场知识、资源、市场占有率和产业内竞争度。李好好、孔令锋（2007）针对这四个特征分析了跨国公司应具备的企业经营管理能力要求，其中包括把握多元文化与差异化需求，以及开放、包容的文化构建与跨文化管理能力等。

邓宁指出，跨国公司进行跨国经营的三个必要条件：所有权优势（其中包括多样性人力资源优势）、内部化优势和区位优势。

二、跨国公司需要处理的关系

跨国公司需要处理以下关系。

（1）跨国公司与雇员的关系。跨国公司必须遵守东道国的相关劳动法规和雇佣制度，在保障自身发展的情况下，促进和改进所在地的就业状况。对应聘者和就业员工要公平对待，不应采取歧视政策；尊重员工的各项权利，杜绝侵犯人权和任何形式的强制劳动。

（2）跨国公司与合作者/竞争者的关系。跨国公司与合作者/竞争者应互相尊重，追求公正，公平竞争。

（3）跨国公司与消费者的关系。尊重消费者所在地区的当地文化，提供卓越的产品和优质的服务。

（4）跨国公司与政府的关系。跨国公司应遵守东道国的法律法规，不干涉其内政，积极履行企业的社会责任。跨国公司的大部分经营活动都发生在东道国境内，东道国的国家文化和国家价值观将对跨国公司产生较大影响，这些影响不仅仅表现在政治、经济、文化方面，也表现在语言、宗教信仰、教育环境等方面。而这些方面又对组织文化和价值观产生一定的影响。

（5）子公司与母公司的关系。跨国公司中的子公司不应单纯发挥传统的"海外延伸"或"异国销售终端""战略执行者""信息的接收者"功能，而应成为"创新知识与技术的源泉""母公司决策的影响者"。跨国公司母、子公司之间特殊的产权关系与控制机制，使得跨国公司母、子公司之间既存在基于共同利益的合作关系，又存在基于不同地位（Bartlett & Ghoshal，1986）、合作程度与利益分配（王披恩，2001）的竞争，由此形成跨国公司母、子公司之间既竞争又合作的内部组织间关系。对此，美国强生公司（Johnson & Johnson）将跨国公司母、子公司间的合作关系与目标划分为三种类型：合作型（跨国公司母、子公司之间相互依赖，共享信息与资源）、竞争型（目标不同，利益相抵）和独立型（具有各自的文化和目标）。按照母公司与子公司之间的组织形式可以将价值观的管理分为三类：①管理分权的联邦制

(decentralized federation)。在该模式下，母公司与子公司之间的管理松散，子公司拥有较大的自主权，子公司可以根据当地员工的需求进行灵活、权变的管理，在管理价值观上强调"能动性"和"变化性"，"注重不同民族价值观的影响"。②协作联邦制（coordinated federation）。在该模式下，母公司通过计划和预算对子公司采取正式的系统控制，保证母、子公司发展方向的一致性。但鉴于母公司对子公司有创意创新的需求，采取介于"管"与"不管"之间的一种"监管"状态，使得子公司的员工存在"价值观本土化"的倾向，易导致母公司价值观与子公司价值观产生分歧和冲突，需要跨国公司在整体上加以协调。③中央集权制（centralized hub）。该模式采用母公司对子公司的严格隶属管理与控制，子公司完全按照母公司的要求进行生产（母、子关系多属于来料加工性质的产品流动），信息与指示属于单向流动。在处理跨国公司总部与子公司的关系时，需要根据它们所处的不同国际化阶段，运用不同的组织手段进行管理。希南和珀尔马特（Heenan & Perlamutter，1979）提出四种类型定位说，即总公司母国民族文化为中心、多个中心、地区文化为中心和全球中心。阿罗（Arrow，1971）认为，在跨国公司母、子公司共同的所有权或共同治理结构下，由于跨国公司母、子公司具有基本一致的价值趋向，母、子公司知识交易的风险和知识交易成本都为最低，很容易实现知识在母、子公司之间基于内部知识市场交易的知识转移。但母、子公司异质性的跨文化背景，子公司所在东道国复杂的人文环境和制度体系，母、子公司跨越国界的物理距离等因素的交互影响，使得母、子公司间有发生冲突的可能性。

赵晓霞（2011）指出，跨国公司子公司人力资源管理受到母公司、东道国和子公司自身因素的影响。母公司因素的影响主要表现为国际经营战略（母、子公司相一致）、所处国际化经营阶段（初级阶段，标准化程度较高；成熟阶段，产生外溢效应，得到母公司认可）、高层管理偏好（佩尔穆特的四种战略导向：民族、多国、地区、全球）和母公司的控制方式（取决于母公司的文化背景和价值观）。东道国因素影响表现为不同的国家文化差异和东道国的法律与政策环境（在外资的持股比例、雇佣与解雇、劳动强度、福利待遇等方面的限制）。子公司自身因素的影响表现为创建方式（独资、合资）和独立程度（对母公司的依附程度决定其经营方式与母公司的相似度）。

劳伦特指出，跨国公司进行跨文化管理应该清楚地认识到一些状况：母公司的管理方式仅是母公司所在国文化假设、价值观和行为模式的反映，是众多管理方式中的一种，与代表其他文化的管理方式相比，既非完美无缺，也并非一无是处；对于子公司所采用的管理方式，就其本质来讲，既非参照母公司的管理方式，也非以世界上最优管理方式为标准，而是以找到最适合子公司所在文化和环境的管理方式为宜。跨国公司进行跨文化管理的首要问题就是了解不同文化价值观。

范徵（2004）认为，跨国公司中的母、子公司之间的联系通过三种方式得以实现，即文化模糊（忽视两种文化中最易导致冲突的部分，减少产生文化冲突的机会，保存两种文化中平和的部分）、文化尊重（在规避重大差异的同时，不忽略、不冷落对方文化的存在，尊重对方文化）和文化互补（两种文化之间存在差异，但并非相互排斥，而是可以形成互为补充的局面）。

本土化与同化的关系。跨国公司具有自己独特的价值观，但若为了实施本土化策略，过于采纳或接受东道国地方文化，甚至是一些消极文化因素，会造成对跨国公司自身价值观的侵犯。梅波（2002）研究发现，在中国的跨国公司在招聘本土化员工，特别是高级员工时，若不以规范市场的规则和能力要求为参照，而是为了适应中国文化，要求员工的"关系网络、政府背景"，甚至"喝酒能力、拿回扣能力"等，将会造成跨国公司价值观发展的困境。跨国公司非但不能影响当地的商务规范，反而被当地的消极文化同化了。

范西斯（Fanncis，1991）认为，跨国公司对子公司实施本土化战略时，要注意"度"的问题。若公司不适应当地文化，会产生消极作用；但若太适应当地文化，也会产生消极作用。只有处于"中等程度"时，"适应性"与"吸引性"之间才会表现为正相关关系。

"民族中心模式"是指：实行全球标准化管理的跨国公司，一般忽略文化差异，将母公司的价值观贯彻到世界各地的子公司。母公司"强文化"压倒子公司"弱文化"，母公司文化对子公司全覆盖，子公司的价值观必须与母公司价值观一致。该模式的前提是，跨国公司秉承这样一种价值观理念：世界文化由于经济、技术、管理、教育以及咨询等专业领域的发展和范围的不断扩大，文化间的差异越来越小，全球是一个同质性市场，所有的企业经营管理人员都会"在商言商"，持有相似的价值理念。

三、跨国公司的研究视角

跨国公司的研究集中在三个方面。

（1）经济学和管理学视角。从该视角对跨国公司进行研究的国内研究机构主要有商务部研究院跨国公司研究中心、教育部人文社会科学重点研究基地——南开大学跨国公司研究中心等。中国社会科学院世界经济政治研究所鲁桐课题组撰写的专著《中国企业跨国经营战略》，系统总结了中国企业跨国经营需要解决的问题。商务部研究院跨国公司研究中心研究员王志乐针对外国跨国公司在中国投资发展的情况以及外国跨国公司成功的经验教训编著了系列跨国公司的丛书，每年出版的年度报告《跨国公司在中国报告》，全面系统地介绍跨国公司在中国的投资情况，《走向世界的中国跨国公司》《软竞争力——跨国公司的公司责任理念》研究了中国跨国公司成长和发展的问题。这些研究以专题报告和案例分析的形式，探讨跨国公司的经营理念、特点和发展规律。

（2）国际政治经济学视角。20世纪70年代崛起的国际政治学将跨国公司的研究视角从经济学领域转移到了政治学领域。最早对跨国公司从政治学角度进行研究的是美国经济学家弗农（Vemon），他将跨国公司视为国际行为主体，将跨国公司在国际政治中的作用概括为"干涉别国内政、被母国或东道国政府用作对他人施加影响的手段以及影响国家间政治议事日程的设定等"。跨国公司对东道国的政治、经济、自然环境、文化等很多方面都存在影响。吉尔平（GilPin）在《美国霸权与跨国公司》这本著作中首次提出了"国际政治经济"这个概念，专门研究了跨国公司与民族国家之间存在的互动关系。斯特兰奇（Strange）在其专著《全球化与国家的销蚀》中认为，跨国公司可以同国家一道对民族和全球经济进程负责。黄河在《跨国公司与当代国际关系》一书中，从国际政治经济学的视角，探索跨国公司与母国的政治经济、与东道国的政治经济以及与国际组织的互动关系。

（3）企业伦理学视角。针对企业界存在的交易欺诈、价格垄断、环境污染等对社会造成严重负面影响的问题，理论界和实务界于1974年11月在美国堪萨斯大学召开了第一届企业伦理学讨论会，专门讨论了企业经营活动所产生的伦理问题，这一活动标志着企业伦理学正式确立。1994年，欧洲各国、美国、日本三方企业界领袖在瑞士通过了《考克斯圆桌会议商务原则》（*Caux Round Table Principles for Business*），为企业，特别是跨国企业的经营管理提供了伦理道德方面的重要参考。自20世纪80年代以来，专家和学者在企业伦理学方面出版了很多成果，如布兰查德（Blanchard）的《道德管理的力量》、卡罗尔（Carron）、巴克霍尔茨（Buchholtz）的《企业与社会：伦理与利益相关者管理》、弗里切（Fritzsche）的《商业伦理学》、格里斯利

（Griseri）的《管理价值观》。唐纳森（Donaldson）、邓菲（Dunfee）在《有约束力的关系——对企业伦理学的一种社会契约论的研究》这一著作中，以综合契约论为依据，探讨了企业伦理冲突及解决方案，提出了尊重不同经济体的文化差异又为所有经济体所普遍接受的企业伦理规范，分析了全球规范建立过程中的三个层面，即道德自由空间、一致的规范和超规范，并构建了全球企业伦理地图。在国内，王听杰、乔法容的《企业伦理文化》从伦理学的角度探讨了企业文化，汲取了西方企业伦理研究的成果。王小锡的《经济伦理与企业发展》从经济伦理学的视角、徐大建的《企业伦理学》从企业伦理学视角、朱金瑞的《当代中国企业伦理的历史演进》从历史的视角、欧阳润平的《企业伦理学》从全球化竞争的视角、夏绪梅的《企业伦理学——转型经济条件下的企业伦理问题研究》从民族文化的差异性视角对企业伦理问题进行了研究。具体到跨国公司的伦理研究，窦莉梅研究了中国跨国公司伦理的冲突及其原因、赵德志探讨了跨国公司的伦理冲突问题。维克托（Victor）和卡伦（Gullen）基于原则性、慈善性和个人主义三种不同的伦理准则，从个人、公司和社会三个层次划分了九种不同的伦理风气：自我利益、友谊、个人道义、公司利益、团队利益、规则和经营程序、效率、社会责任、法律和专业规范。

四、跨国公司员工构成特征：多元化

跨国公司，仅从其"跨国"的字面意思上看，就足可以说明其员工构成因跨越国界而凸显的表层多样性。国际人力资源管理区别于国内人力资源的关键在于前者"在若干不同国家经营并招募不同国籍的员工所涉及的复杂性"。即便在大多数跨国公司实施"本土化"策略的今天，其成员构成在表层和深层所呈现的多样性也在变得愈发复杂，而非单纯，因为"本土化"这个概念自身的内涵在某种程度上或某个方面也在发生变化。《现代汉语词典（2012）》将"本土"定义为"乡土，原来的生长地"。《朗文当代英语词典》（*Longman Dictionary Of Contemporary English*）（New Edition）（2003）将"本土"界定为"出生地（the place you were born）""出生在某个地区的人（a person who was born in a particular place）""一直或长期生活居住在某个地方的人（someone who lives in a place all the time or has lived there a long time）"。跨国公司子（分）公司的东道国国籍的管理人员一般具有海外留学背景、专业化知识、国际化视野（徐思、何蓉，2010），一些人可能出生在东道国，却具有长期在国外生活的经历，他们已经与传统意义上的"本土员工"有着质上的区别。这使得他们在语言表达、思维方式、行事风格等很多方面的表现既不同于纯粹"本土"员工，也不同于来自跨国公司原籍国或者其他国家或地域的子（分）公司的员工。跨国公司员工深层多样性更加明显。

跨国公司内部的多元性也并非在"多元性"概念所包含的所有方面都表现出深化发展的势头，如在年龄和教育背景方面。王春光、方文（2001）通过调查发现，在华跨国公司中中方员工群体性特征表现为高学历和年轻化。在他们抽样调查的 48 位中方员工中，最大年龄为 49 岁，其中，41 人在 30 岁以下，95.8% 的人具有大专以上学历。这说明在表层多元化方面，跨国公司内部并未表现出太大问题。但在关于价值取向的调查中，高达 62.5% 的人选择在跨国公司工作的目的为"高收入"。"收入"在某种程度上能证明个人的价值，但将"收入"或利益作为终极目标对自身的真正价值观具有很大的隐瞒性，也潜藏了员工个体利益之间、员工个体利益与公司利益之间冲突的因素。

"多元化"概念源自西方管理界，其英文表述为"workforce diversity"或"employee diversity"。最初源于"就业公平"理念的法律和社会政策层面，后逐步扩展为种族、民族、性别、年龄、教育背景、个性特征、生活方式、信仰、文化价值观（个人主义还是集体主义）等多方面，并分为表层多元化和深层多元化。哈里森、普赖斯和贝尔（Harrison, Price & Bell, 1998）认为，"时间可以消除'表面'多元化的影响，但会加大'深层'多元化的影响力"。

关于多元化的功能，有学者认为，团队成员的多样性有利于促成创造性和创新成果。阿德勒（1991）认为文化多元化群体可能产生两种极端状况，即特别有效或非常无效，而单一文化团体的有效性处于中间位置。在管理得当的情况下，文化差异可能会产生较佳业绩（林新奇，2004）。

跨国公司的发展必将带动员工多元化的发展，进而引发文化和价值观多元化对不同企业管理模式的碰撞，而这种影响反过来又会进一步深化文化和价值观的多元化。美国发现了日本企业文化中"忠诚度"的价值，日本在年功序列制的基础上引进了美国基于能力的绩效考核机制。跨国公司的发展打破了单一文化下的管理模式，促进了文化间的交叉与融合，丰富了多元化的内涵。

第二节 跨国公司文化与价值观

一、跨国公司文化

（一）跨国公司文化的概念界定

林新奇（2004）认为，跨国公司文化是多种文化在不断接触、碰撞之后形成的综合体，是一种全新的文化。跨国公司内部不同文化之间的接触、碰撞、摩擦，以及相互适应、彼此融合的过程是一种新文化生成的机制，也是不同文化之间寻求平衡、重新进行排列组合形成全新文化的过程。新文化的特点是：可塑性强，具有后发优势；可协调性强，可以在优劣之间存优去劣，达到优势互补的均衡状态。跨国公司文化形成的过程没有统一的模式和路径，不同文化具有不同的思维习惯和运作程序，当它们之间的差异不可调和时可能会引发冲突；但不同文化之间也可能保持适当距离，或者相互谦让与合作，保证企业文化的协调发展。总之，跨国公司企业文化是"一种原始的多重文化在经过接触、碰撞、分化、竞争、优化组合等过程之后形成的一种全新企业文化"。

乔恩特和沃纳（Joynt & Warner, 1999）认为，"积极创造跨国公司企业文化比消极地同化于一种占主导地位的伙伴民族文化更重要"。而创建一种将来自不同文化背景和地区的员工整合在一起的企业文化，需要一些关键性要素：直接的人际关系、国际化项目小组、跨国管理培训、利益共享体系和多元价值观共存。同时，需要处理好的关系有：一是价值观差异与国际对话；二是当地状况与本国政策；三是管理人员与本土环境的融合与区别；等等。

（二）跨国公司文化特征

张广宁（2011）认为，跨国公司中的文化冲突是由于"不同文化背景下员工具有不同的价值观、思维模式和行为特点，从而导致相互间的摩擦，影响企业的经营与管理"。跨国公司的文化管理具有的特征为：①价值观多元化。不同的文化背景使员工价值观存在差异和复杂性，增加了文化管理的难度，这种状况在跨国公司的初级阶段或者员工最初进入跨国公司之际最为明显和普遍。随着跨国公司主体文化的形成，以及新进员工对企业文化的适应，这种状况会有所好转。但鉴于原有价值观的稳定性，员工会在原有价值观的基础上融入企业价值观，形成一种新的价值观。跨国公司本身也会在"保留其原有价值观的同时超越民族价值观"，形成一种包含若干种价值理念的新的价值观体系。②文化融合过程漫长。跨国公司在母国环境下形成自身的文化价值观相对容易，因为民族文化、商业文化、企业文化以及员工个体文化都是相容或一致的，但在异文化环境中建立一种新文化，无论采取何种模式，都将涉及思维模式、行为方式、沟通方式等方面的重新适应或者改变，这个过程需要克服各种障碍和摩擦，是极其曲折漫长的。③主体文化民族性。文化是无形的，但文化的影响或副产品却是有形的。文化决定着社会规则、价值取向、行为习惯和情感趋向，影响着企业决策和执行模式。美国企业和日本企业在员工雇佣的政策和标准上存在的差异必将反映在美国的短期导向文化和日本的长期导向文化上。这种主体文化的民族性将在企业的各个方面产生影响。④行为方式具有冲突性。行为方式是文化价值观的具体体现，文化价值观的差异必将导致行为方式不同，这种差异若不可调和，将会产生或引发冲突。⑤经营环境具有复杂性。跨国公司内部复杂的人员构成必将在企业经营管理目标、管理理念、管理风格以及协调合作方式等很多方面产生影响，带来跨国公司管理上的障碍，造成管理决策制定的难度，增加决策执行的低效率。

跨国企业多样化的文化将产生两个方面的影响：①在管理理念、管理风格和管理方式上产生差异与冲突，导致管理效率下降，若不能及时化解矛盾，将会成为企业发展的障碍；②差异存在两种功能，一方面有可能形成双方的互补优势，另一方面为对方提供学习和借鉴的参照，以便提升、修正和完善自身。

（三）跨国公司文化冲突

对于跨国公司文化冲突，存在不同的理解。栗陆莎（2006）认为，跨国公司文化冲突并不是指文化价值观或文化审美观之间的冲突，而是日常工作中行为方式、行为规范的冲突，源于对国际商务活动中行为规范的认知、把握和预期。从在华跨国公司的子公司来看，在体制层面，冲突是跨国公司的体制和中国文化背景下的"单位"体制间的冲突，但体制决定了行为规范，表现出来的便是跨国公司内部和中国"单位"内部行为规范的冲突。解决这一冲突的基本态度就是本地员工和外籍员工双方的妥协、学习和融合，本土员工通过积极主动地学习跨国公司的行为规范，摒弃可能会导致双方冲突的原有行为规范和行为方式，融入跨国公司内部；外籍员工也必须深入了解本地员工的行为规范与行为方式，对其合理和积极的部分要采纳和接受，因为子公司不可能免受当地文化的影响，或多或少会带有当地文化行为规范的特色。在一个包容、多元的跨国公司内部，人们必须以一种开放的心态进行自我调整，主动实现内部的融合。

二、跨国公司子公司价值观研究

（一）跨国公司子公司价值观

跨国公司子公司存在内部和外部两种不同的价值观问题，这两种不同的价值观问题涉及员工个体价值观、组织价值观和国家价值观三个主要因素，其中，组织价值观居于中间地位，而个体价值观却因融合了三种价值观，成为三种价值观中的核心。在跨国公司内部，三种价值观互为依托，相互作用，形成博弈。跨国公司子公司内部存在来自不同文化背景的员工，这便使其具备了员工多元化价值观的基础；而外部又要面对不同的利益相关者，这又会使其形成多元化的组织价值观体系。各种不同的价值观交织在一起，形成一个价值观网络，复杂难辨。仅以个人层面的价值观差异为例，有纵向的代际价值观差异，横向同代价值观差异（涉及性别、教育背景、家庭背景、婚姻状况），以及跨文化、跨地域价值观的差别。在如此混乱无序的差别之中，又隐隐约约存在一根主线，牵扯着所有的价值观，使之成为一个有着紧密联系的系统。跨国公司子公司内部员工个体之间的价值观存在一个冲突与融合的过程，员工层面与组织层面的价值观有一个冲突与融合的过程，跨国公司母公司组织价值观与东道国国家层面的价值观也存在一个冲突与融合的过程。最终，跨国公司子公司组织层面形成的价值观将不同于最初母公司所赋予它的初始价值观。它既超越了员工个体价值观，又受东道国国家价值观和母国国家价值观以及母公司价值观束缚，是一个多方博弈的结果。而这个结果最终可能是一个超越具体文化层面的普适价值观。

跨国公司子公司自身的发展要求其价值观不断发展，发展的过程是一种动态的冲突与融合的过程，是博弈的过程。这种博弈不是一种你是我非、你死我活的零—和博弈，而是一种妥协的双赢，甚至多赢的非零—和博弈过程。

跨国公司的员工之间是否存在国籍的差别？范徵（2004）在对海尔的企业文化进行研究后得出结论，海尔"真诚到永远"的共同经营理念统一了世界各地子公司员工对海尔企业文化的认识，"员工之间已经没有国籍之分"。

马春光（2004）认为，对于跨国公司的中外员工在管理理念和行为方式上的冲突，必须从各自文化的角度去考虑，因为在企业制度之外的很多问题，不是单纯的对与错、是与非的问题，而是理解和判断标准的差异问题。

（二）基于经营价值观层面的子公司价值观生成模型

"跨国公司"作为一个组织本身没有全球统一的经营理念，在进行跨国经营时也会根据自身的情况选择适合自己的经营理念。例如：可口可乐倡导"地方主义"，家乐福主张"本土化经营"；与此相反，GE 公司则倡导"全球化经营"，英特尔公司强调"全球合作"的理念。跨国公司的经营价值需要决定了其经营价值观，进而决定了企业形象塑造的本土化或全球化的选择。产品营销的价值观是"全球化"还是"本土化"，与产品本身的特征相关。汪旻敏（2008）研究发现："功能性"产品宜实行产品的标准化，亦即"全球化"规范；个人兴趣型产品宜实行产品差异化，亦即"本土化"规范；技术密集型奢侈品，因面临成本和差异性的双重压力，宜实行适应调整战略。卡伦（Cullen, 1999）则从企业内部价值链优势的来源（上游还是下游）以及跨国公司面临的环境压力角度和内部价值链上的研发、生产、销售、售后等环节对跨国公司的"全球化"或"本土化"经营战略进行划分，并由此得出结论："企业经营价值观的生成选择都遵循一个原则，即与东道国文化的相关程度高的行业、产业和贴近东道国消费者的业务活动都要求实行本土化；而与东道国文化相关程度低的行业、产业和偏离东道国消费者的业务活动都决定了企业选择全球化。"

东道国的社会价值观对跨国公司的产品和经营有着直接的影响。假如二者是一致的，也就是说，跨国公司是以东道国文化和消费者的个性需求为基础建立的价值观，这样便会减少因价值观差异而可能引发的冲突，这是"本土化"策略；相反，就是"全球化"策略。

汪旻敏（2008）研究发现，在以"减少交易费用"为宗旨的前提下，跨国公司会依据不同文化类别对异国子公司进行价值观塑造和内部管理。在强调"物本管理"的异国文化环境下，跨国公司在进行异国子公司价值观塑造时多采取植入的方式，将母公司管理方式、规章制度直接移植于子公司；而在注重"人本管理"的异国文化环境下，跨国公司在进行异国子公司价值观塑造时会考虑到异国员工价值观与母国价值观的冲突，从而会调整出适应子公司员工的新型企业文化管理模式。

跨国公司子公司的文化将受到双重影响，即所在国文化的直接影响和母公司文化的间接影响，如图4-1所示。

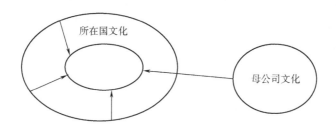

图4-1 子公司受到的双重影响

海尔在实施国际化战略中最大的问题就是"融合"，即将母公司的文化与海外子公司的文化进行匹配与融合，其中重要的一个方面便是本土化人才对母公司文化的认同。

第三节 跨国公司内部价值观冲突

跨国公司价值观冲突表现为三个方面：①公司内部来自不同国家、不同文化背景的员工具有不同的价值观念和行为原则，将产生文化或价值观匹配与适应的跨文化管理问题；②同一国家市场环境下的不同企业（即跨国公司与东道国的其他企业）具有不同的组织价值观和行为原则，将产生政策倾向性、不正当竞争手段等问题；③跨国公司价值观与东道国政府政策、当地的法律和人文环境之间，存在匹配度等问题。从跨文化冲突的角度，不同的文化相遇会导致同化（assimilation）、交替（alternating）、混成（hybridity）和创新（innovation）等可能性。跨文化冲突的结果主要有四种：①双方对峙，冲突越来越大；②外来文化被本国文化所同化；③外来文化占上风；④双方文化相互融合，形成"求大同存小异"的共同文化。

一、员工个体层面的价值观冲突

（一）员工个体自身价值观冲突

栗陆莎（2006）将跨国公司员工的跨体制生存状况总结为"一种生活，

两种体制环境"（公司内、外两种体制，受到单位体制和跨国公司体制两种体制的阻碍）。单位体制的弊端体现在机制和程序上，跨国公司的弊端体现在本地员工的认知上。跨国公司在人力资源管理方面的特色之一就是"身份类分制"，即跨国公司内依照国籍将员工分为外籍员工和本地员工，二者享受不同的薪资、福利和晋升机会，这种不平等性导致本土员工产生心理落差。对外籍员工来讲，尽管与本地员工相比他们的确存在一定的优势，但与他们自身的付出（承受雾霾等污染、异文化的不适、情感的孤独等）和本地员工相比，他们也并非心满意足。本地员工具有"打工者"和"主人"的矛盾心态：一方面，他们认为跨国公司毕竟是外国的公司，自己仅是一个赖此谋生的"打工者"；另一方面，他们认为这毕竟是实现自己价值、进行职业发展的平台，应该积极参与公司的建设。

在华跨国公司子公司的员工身上承载着原有"单位"文化和现有跨国公司文化两种文化，具有两种文化价值观以及在其影响下形成的行为规范和行为方式。在能够进行有效整合之前，跨国公司现有制度的强制性和员工单位体制的习惯性两种力量在中国员工的内心世界一直进行着拉锯战，表现出来的便是中国员工思想和行为上的矛盾、纠葛、犹豫等自我冲突。由于这种冲突不但具有普遍性特征，还带有一定的内隐性和无意识性等特征，很难对其进行有意识地规避，使得冲突解决的难度更大。栗陆莎（2006）将这种冲突归结为个体的"双面人"冲突和"伪本土化"，即对外籍员工和中方员工等不同群体分别应用跨国公司规范和单位规范，根据不同的环境和场合采用口头上的跨国公司规范和行动上的单位规范。解决"双面人"冲突，需要进行行为整合，完成卸载和装载两个过程，如图4-2所示。在这个过程中，中方员工要完成学习规范、行为趋同、融入团队、个性表达和实现卓越五个阶段的突破，实现从平凡到卓越的成长和发展。这个过程并不是从始点到终点直线型的、一劳永逸的过程，而是一个不断进行对内自我协调和对外学习适应的循环往复的过程。在这个过程中，中方员工需要重塑自我，抛弃单位心态，驱逐对于陌生文化心存的恐惧和不安，成功实现个人文化转型。在群体性特点层面，从"年轻、形象气质高雅、良好教育背景、高效率、双语交流和傲气"等展现给具有同质文化背景的人的外在表现到"和蔼友善、矜持和节奏感"（栗陆莎，2006）等赋予自己的内在职业价值观提升的转变。

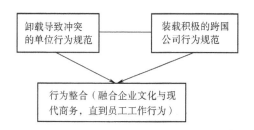

图4－2　卸载和装载的两个过程

跨国公司员工要解决个人发展和家庭生活之间平衡的问题，当然，这个问题不仅仅是在跨国公司工作的员工所要面对的，只不过对跨国公司员工来讲，这个问题更加尖锐一些，因为目前在华跨国公司员工的一般状况是"工作压力大，加班成为惯例"。人的时间和精力是有限的，在工作与家庭这两个端点之间，价值观这个砝码若不能摆放在平衡点上，自然会偏向一边。跨国公司工作性质的要求以及其背后的薪酬、福利待遇、社会地位增加了对砝码的吸引力，家庭（这里也包括身体健康）往往被忽略，或者只能通过物质的方式进行补偿。在中国的传统文化或单位文化价值理念中，为了集体和单位利益而放弃自己的利益是被提倡和赞颂的。"大禹治水三过家门而不入"，这是国事与家事、大事与小事的先后顺序排列的问题，这是民族大义与个人私利之间发生冲突时中华民族高贵价值观的体现，但在一般的事务性工作中，"以人为本"和"对人尊重"的价值观还是应该得到重视，因为除非在非正常时期和非正常环境下，工作需求和个人需求（包括家庭需求）还是存在冲突的，完全偏向一方将导致价值观失衡。

首先，个体成长变化冲突。跨国公司员工的发展和成长一般会经历四个阶段：自我约束、自我管理、自我激励和自我学习。在这个过程中，个体自身的发展变化会使价值观产生冲突。任何一个组织都是由不同人员组成的，根据马斯洛的需求理论，他们之间有着不同层次和不同方面的需求。此外，他们的需求并非固定不变，随着个体的发展和环境的变化，不同时间阶段每个人的需求也会发生相应的变化，一种需求获得满足之后便会萌发新的需求。即便在同一时间内，个体自身也会存在各种不同的动机和需求。这些动机和需求不是互不干扰、独立存在的而是相互影响、相互作用的，形成较为复杂的结构和模式。这些结构与模式与外在的环境因素、主客观交互作用的方式紧密相关，如企业文化与价值观对它们产生的影响，工作条件的变化等。员工因个性、需求存在差异，对企业的同一管理方式也会产生不同的反应。

其次，自我角色定位冲突。人无法脱离社会大环境而生存在隔离的真空之中，人在生存环境中往往要扮演多种角色。正如萨克雷在小说《名利场》中所描述的那样，一个男人可能承担着"儿子、父亲、丈夫、职员、教徒"等多种角色。在企业组织内部同样存在着一个员工同时承担几种角色的现象。例如，一位中层领导既是领导（相对于其下属而言），也是一名下属（相对于其上级领导而言）；既是一个代理者，又是一个委托人。在这种双重甚至多重身份下，他将经常处在一种自我冲突的状态之中。为了自身的利益，他会将原有的信息进行主观的增减，然后对上或对下发布，而在对信息进行增减的处理过程中，有可能违背社会道德原则，使其或多或少地承受良心谴责的焦虑。马尔蒂诺娃和卡恩（Martinova & Kahn）都在这方面进行过研究。

最后，自身与外部冲突。当个人的爱好、兴趣、能力与组织的要求或者需要从事的工作不相符合时，个人意愿与组织意愿便会产生冲突。"人尽其才，物尽其力"自然是最大效益化管理，但鉴于现实工作生活中存在的信息不对称，组织未必对员工的自身状况有百分之百的了解（其实员工本人也未必对自己完全了解），更不可能知悉员工的所思所欲；同样的道理，员工也不可能站在组织的角度去理解组织对自己的要求和所分派的任务，不可能全部知悉组织的意图和目的，这样就潜伏了冲突的可能性。退一步来讲，即便假设双方彼此的了解程度达到百分之百，受信息传递过程中的遗漏、偏差以及不同的信息处理方式等各种因素的影响，信息未必能够百分之百地进行传递，也会造成信息不对称现象。

（二）员工个体间价值观冲突

1. 个体间价值观冲突原因分析的传统视角

（1）基于沟通视角的个体间人际冲突研究。哈约里（Johari）窗口，是由约斯菲·勒弗特和哈里·莫汉格提出来的，如图4-3所示。在沟通中，自我可以看成是"我"，其他人可以看成是"你"。自我分为公开的自我、隐蔽的自我、盲目的自我和未发现的自我。

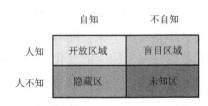

图4-3　哈约里窗口

在公开的自我情境下，自己了解自己，别人也了解自己，交往时具有开放性和一致性；在隐蔽的自我状态下，本人了解自己，别人却不了解自己，可能会导致潜在的人际冲突；在盲目的自我情境下，本人不了解自己，别人却了解自己，可能会导致潜在的人际冲突；在未发现的自我状态下，本人不了解自己，别人也不了解自己，极易产生人际冲突。人际冲突可能导致三种状况："输—输""输—赢""赢—赢"。

沟通定律：$Ac + Bc > c$（Ac 表示 A 认为与 B 之间存在的冲突，Bc 表示 B 认为与 A 之间存在的冲突，c 为实际存在的冲突）。在没有沟通的情况下，A 认为与 B 之间存在的冲突与 B 认为与 A 之间存在的冲突导致双方在实际的人际交往中产生的冲突远远大于本应存在的人际冲突，即感知冲突＞实际冲突。

在图 4-4 中，存在三个沟通主体与一个沟通次主体，其中，A 是中心，B 与 C 是相对于 A 来说具有同等价值的附属。从三个主体的本性来讲，A 与 B 之间、A 与 C 之间、B 与 C 之间的相互沟通都应该是顺畅的，但 C 背后的 C⁻ 以表面损害 C 的利益为假象制造了 B 与 C 之间的误解，导致 A 对 B 也产生了误解，B 对 C 也产生了误解。但 C⁻ 和 C 的极其亲密关系以及 C⁻ 的次主体地位，使 C⁻ 成为 ABC 三角关系误解的盲区。在一般情况下，或者说按照常规逻辑推断，C⁻ 是不可能损害 C 的利益的，B 为了达到某种目的却可能损害 C 的利益。在这种思维下，A 与 B 进行沟通时 A 已经戴上了"有色眼镜"，而 B 的解释或自我辩护非但不能减少 A 对 B 的误解，反而会增加误解。由于 C 蒙在鼓里，也会出来为 B 辩解，这种辩解更会增加 A 对 B 的反感和对 C 的好感。这个疙瘩如何才能解开呢？

A 与 C 之间不能进行直接的交流沟通，B 作为信息传递人在 A 与 C 之间传递信息进行沟通。B 无意识的一个信息误差将造成 A 与 C 之间的矛盾。当然，B 既可以作为灭火器，不传播不利于双方的信息，或者善意改变双方之间的不利信息；也可以作为助燃器，火上浇油，

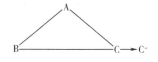

图 4-4　沟通主体与沟通次主体

（2）个体间价值观冲突研究。个体间价值观冲突的原因总体上可以归结

为个性差异、环境差异和情境差异，具体分为个性差异、角色差异、目标差异、情绪控制能力差异、信息处理能力差异、技能差异、部门文化差异和地位差异。

巴伦（1989）认为，个人层面存在几种差异：个性差异（个性差异使得合作很难开展，造成问题决议、行为方式上的分歧，进而产生矛盾与冲突）、价值观差异（个人成长的家庭环境、社会环境、个人经历、教育背景等综合因素使得个体价值观具有独特性特征，个体间价值观差异的存在具有普遍性，价值观的冲突将不可避免）、追求目标差异（个人需求的同一性使得个人目标趋同，由此而产生激烈的竞争，导致冲突发生）、沟通差异（个人间的沟通过剩或沟通不足都将可能产生冲突。根据刺猬法则，无论是同级别的个体之间还是不同级别的个体之间，他们之间的交往和沟通都要保持一定的距离。沟通过剩意味着沟通的时间、频率和内容超出正常范围，或者说过剩的沟通使得双方关系过于紧密，也因而潜伏了因稍微不慎而伤害对方、导致冲突的可能性因素；沟通不足又将使信息不能有效、及时、全面地被双方获得，造成信息的不对称，也将成为产生冲突的隐患。"距离产生美"，人与人之间的交往与沟通要保持一定的"度"）。

栗陆莎（2006）将中外雇员间的差异和矛盾进行总结，如表4-1所示。

表4-1　中外雇员间的差异和矛盾

	本土员工	外籍员工
工作方法	各自为政，不喜欢参与集体沟通讨论	通过集体讨论与沟通协商策略
工作标准	不关注细节，只在乎大的方面	关注细节，不放过任何问题
解决策略	两个极端，要不听你的，要不听我的	充分交流与沟通
团队分工	不合作抵触心理	尊重、竞争基础上的合作

在组织员工个体层面，价值观存在个体差异性，其可以反映到完成组织活动的每项任务上。虽然完成组织任务的最终目标是一致的，但完成任务的具体目的和价值取向因人而异，有的人为了获取经济利益，有的人为了晋升晋级等个人职业发展，有的人为了提升个人能力，有的人为了实现生命的价值，也有的人仅仅为了完成任务，等等。尽管完成任务这一最终目标的一致性能将所有员工个体拉到一起（其实这也是一种理想状态，现实的状况远比所列举的状况复杂得多，比如有些员工并不认同组织目标，他们人浮于事，

不积极采取行动，甚至不会按照组织目标的要求去行事，反而做出一些对组织目标实现有害而无益的事情。这属于员工个体价值观与组织价值观正面冲突的状态，这种冲突一般不会发生在员工进入组织初期。员工在进入组织一段时间后，可能与组织产生强烈的矛盾与冲突，致使个人利益遭受损失，从而对组织产生强烈的不满。这种冲突这里暂不讨论），但实现目标的过程和效率会因组织成员价值取向的不同受到影响。

2. 个体间价值观冲突原因的经济性分析

引发冲突的原因和潜在因素很多，但受同样的原因和潜在因素影响，在不同的环境下，针对不同的个体，潜在的可能性是否会转化为现实性，或者说潜在的冲突是否外显化，存在很大的差别。根据中国古代传统哲学的观点，"天时地利人和"是主体成功的条件，只有当这三个条件因素全部聚拢到主体身上并与主体融合在一起时，主体才会取得成功。那么反过来，如果不具备"天时地利人和"这三个条件因素，或者这三个条件因素不能和谐地融为一体，主体就不可能取得成功。"天、地、人"这三个因素是不是互不相关的三个并列因素呢？"天、地"属于外在的不可控的自然因素，即外在环境。它们具有偶然的特征，而且这种偶然性会在某种程度上导致"人"这一条件因素发生偶然事件。同一个体，受到不同"天、地"因素所构成的外在环境的影响，可能会对同一件事情做出不同的反应。一位在异国他乡工作的跨国公司员工的工作状况与他在本土公司工作时的状况，必然存在很大的不同；一位因恶劣天气延误航班的员工与一位正常状态下的员工对同一件事情所做出的反应，也将存在差别。外在环境必然对人产生影响，但人自身的素质和特征起着决定性作用。一个情绪化的个体很容易受外在环境的影响，而一个完全理性的个体几乎不会受外在因素的影响。当然，从人的本质来讲，既不存在极端情绪化的个体，也不存在完全理性的个体，一般的人都是处在两个极端之间的范围内，只不过是有所偏重而已。相比较而言，情绪化的个体容易引发冲突，而且冲突的程度会较为激烈；理性化的个体能控制冲突，他们能按照自己的计划和意愿控制冲突的程度和节奏，将冲突按理想或设定的方向引导。与导致冲突发生或者冲突发展程度相关的另外一个因素就是冲突的"成本与产出"。从经济学角度考虑，任何一种投入都将有产出，无论这种投入是否有效，也无论这种产出是否在预期的范围之内。在冲突的主体完全失去理智的情况下，他几乎不会考虑冲突的后果，只一味满足自己在特定环境、特定状态下的自我心理和利益需求，此时的冲突往往会造成极为严重的后果。

在现实生活中，这种状况下发生的冲突也并非罕见。假设冲突主体的情绪可控，具有较为正常的理性思维，那么他会衡量自己在"冲突"中的投入和产出。假如冲突能使自己有利可图，带来效益，那他就会促成冲突的发生；假如他认为冲突将会给自己带来比投入更多的损失，即便存在很大的潜在冲突因素，他也会尽量控制冲突的发生，至少将冲突的不良后果减小到最低限度。冲突发生的过程，也是双方博弈的过程。冲突双方，或者潜在冲突的双方，不仅站在自己的角度考虑冲突发生的成本、冲突的过程、双方各自在冲突中采用的策略和冲突将会导致的后果，还会估量对方在冲突中的状况，以求做到"知己知彼"。首先引发冲突的一方，必将有获得绝对收益或者相对收益的可能性，才会主动引发冲突。假如冲突的发生将会使对方受益，或者冲突的后果只对对方有利，他将是冲突的被迫接受者，而非主动发起者。

（三）员工个体价值观与组织价值观冲突

个人与组织间存在两种静态的关系：适应与不适应。不适应是导致个人与组织发生冲突的潜在因素。这两种静态的关系可以通过两种动态调节而发生变化和转向，即改变与离开。改变又存在两种状况，即改变自己和改变组织。

员工个体与企业之间发生冲突的原因可以归结为：①整体与个体观念更新、变化不同步；②个体未认同整体文化；③整体文化忽视个体利益；④整体文化落后，不能适应先进个体文化需求；⑤个体无视整体利益；⑥个体对整体利益的代表人不满。

王彦斌、赵晓荣（2011）认为，在组织中，每一个个体实际上都存在同时持有两个层面价值观的问题，一是其一般意义上的基本生活价值观，二是组织成员加入组织后形成的工作价值观。这两种价值观形成的环境和过程不同。生活价值观是一个人在成长过程中形成的关于是、非的思维模式，与周围社会文化、生存环境、个人生活经历和自我定向相关；工作价值观是生活价值观在工作中的具体体现。组织价值观是组织在某种特定社会文化背景下，基于自身特点，在整体发展过程中形成的独有的核心理念，与组织资源的控制方式、组织运作方式、组织主要领导人的个性特征等因素相关。根据王彦斌、赵晓荣（2011）的调查统计，社会经济体制因素对个人—组织价值观契合有一定的影响。首先，企业的产权控制特点，在国有控股和非国有控股企业之间存在着显著性的差异，而国有控股企业的价值观契合程度低于非国有控股企业。国有控股体现了所有制的多元化，意味着企业内部关系的多元化。

其次，社会经济条件也对企业组织价值观契合具有重要影响。调查结果表明，价值观契合程度因地区发达程度差别呈现出一种反梯度关系表现，即价值契合程度在发达地区的企业组织中最差，在欠发达地区的企业组织中最好，而中等发达地区居中。这说明价值观问题并不仅仅是一个组织内部问题，其与组织外部的社会环境也息息相关。经济发展程度、社会文化开放状况等都是影响组织内部价值观的重要因素。鉴于价值观具有行为主导功能，无论从员工个体还是组织方面，都力争寻求高程度的价值观契合，但由于社会经济体制各方面的影响，实现员工与组织价值观的完全一致是不可能的。个人与组织价值观的契合，既使得组织成为多个个体利益、归属和发展的有机统一体，也使得个体成为组织价值观和目标的具体外化和体现。实现个人与组织价值观契合的有效途径就是培育组织认同感。

胡晓兰（2005）研究了中国本土人才与跨国公司文化之间的关系，认为二者既存在明显的冲突，也存在相互适应的可能性。能适应不同跨国公司的人们具有一些共同的特征，如"海外留学经历、良好的教育背景、精通一门或多门外语、较强的沟通能力"。

王春光、方文（2001）对 48 名在华跨国公司工作的中方员工调查发现，64.6%的人认为自己到跨国公司工作的主要目的是"更能发挥自己的才干，实现自己的价值"，比排第二位的"高收入"（占 62.5%）高出 2.1%；而对跨国公司雇用中方员工的目的调查发现，"专业技能""工作经验""英雄有用武之地"这些因素所占比例较高。在"发挥专业才能，实现个人价值"这一点上，个人价值观与组织价值观实现了契合。而且跨国公司可以抓住这一契合点，通过为员工提供提高专业技能的各种培训项目和机会，更大限度地满足员工的需求，同时也提高他们在公司的绩效，进而提升公司整体的生产力。当然，"发挥专业才能，实现个人价值"这一目的和要求的吻合并不能说明员工价值观与跨国公司价值观是完全一致的，二者在根本性价值观上的差别很难消除。但跨国公司作为企业所具有的"营利性"特征，必须使其考虑成本因素，即比较雇用中国本土员工的成本、雇用母公司所在国或其他国家员工的成本和适应东道国本土文化的成本。当然，这三者之间并非处于完全孤立或对立状态，它们之间也存在某种直接或间接的关联。

组织认同是影响个人—组织价值观契合、导致个人与组织价值观冲突的主要因素之一。从组织文化的角度来看，组织认同就是组织将自己的价值观融于"组织社会化"过程中，将其内化为组织成员个体价值观的一部分，进而使组织中的个体成为真正意义上的组织人。王彦斌、赵晓荣（2011）认为，文化是经验的积累和主观习得的产物，随着外部环境的发展和主观经验的变化，特别是某些与切身利益相关的条件和经验发生变化时，文化的内容，即便其核心的内容——价值观，也会发生变化。组织中的员工个体不可能具有完全一致的价值观，但可能就一些基本的问题达成共识。组织对这种共识加以引导，以此来影响员工个体的心理和行为。

当组织绩效目标确定、员工个体价值观与组织价值观却不一致时，是以组织价值观为绝对标准、要求员工改变其个体价值观以服从组织价值观，使个体—组织价值观匹配，还是组织价值观进行适当调整以适应员工个体价值观，使组织—个体价值观匹配？员工价值观之间因其差异性的存在是否会造成一个并不存在的"虚体"概念而使得组织价值观无法与其匹配？无论对于组织还是个体而言，价值观都处于核心地位。理论上来讲，组织价值观应该高于个体价值观，具有超越性和至上性。但员工个体价值观的"虚体"性使得组织价值观的超越性和至上性只能从定性的角度进行描述，而无法从定量的角度进行比较。即便定性的描述可以采纳，在员工个体中推行组织价值观或对组织价值观和员工个体价值观进行协调将主要采取行政命令的手段和方式，表面来看，这种方式能表面掩盖价值观之间的矛盾与冲突，会保证工作的实施与进展，但它也会在深层次上产生负面效应，在掩盖与延缓矛盾与冲突之际，逐渐加深或加剧矛盾与冲突，产生更大的破坏性。在当代跨国公司或跨国组织，多元价值观的存在是一个无可争议也无法回避的客观事实。多元价值观既给组织造成了管理上的麻烦，也给组织带来了活力。多元价值观使得管理所具有的协调功能更加凸显，管理实践的主要任务之一便是协调组织目标与个人目标，协调社会价值观、组织价值观和个人价值观，协调各方的不同利益。

王彦斌、赵晓荣（2011）指出，随着社会生活日趋复杂化，追求个体自我价值的实现已成为许多人参与组织的重要因素之一，而"个体价值观的多元性与组织价值观认同的冲突与协调成为当代社会及其社会中各种组织亟须解决的重要问题"。每一个社会主体都拥有自己独立的基本价值观，而这种基本价值观的形成与该主体所生活的社会环境以及由该社会环境引起的具体社会心理密切相关。个体与组织价值观的冲突，就是组织中个体的人和组织整体的价值观所表现出来的不一致性。对于个体而言，价值观是对内形成自我认同、对外形成价值判断的重要依据。在组织中，个体受到自己基本价值观的引导，去看待组织生活，实施组织决策和组织行为。组织价值观是个体对组织整体的基本认知和价值评判。一般逻辑上讲，组织是个体的组织，个体价值观必须成为组织价值观的一部分；个体是组织的个体，个体若想进入组织，其价值观应该与组织价值观是一致的。吴维库针对个人价值观和组织价值观的关系打了一个形象的比方：员工是零件，企业是机器，合格的零件才能促使机器运转，不合格的零件会损坏机器。但实际情况并非完全如此，首先来看招聘环节的问题。

第一，招聘环节埋下了个体价值观与组织价值观冲突的种子。企业招聘员工，员工选择企业，是一个二维、双向的过程。正如选择对象一样，人人都喜欢"高富帅"，人人都喜欢"白富美"，但且不说并非人人都能与"高富帅""白富美"结成良缘，即便能结成良缘，也未必能白头到老，这其中除了传统的表面化的"门当户对"，还有更深刻的"情投意合"；即便这两条都满足了，随着年龄的增长和环境的变化，能不能保持和谐也很难说。员工与企业的关系，在一定程度上，与夫妻关系存在一定的相似性。每一家公司都希望拥有最优秀的员工，每一位员工都希望在最强大的公司发展。对于企业来说，人才不是越优秀越好，而是越适合越好；对于员工来说，企业并非越强大越好，同样是越适合自己越好。根据戴尔公司统计，在新招聘的员工中，5 年后大概仅有 30% 的人能留下来，10 年后大概仅有 10% 的人能坚持到最后。坚持到最后的这 10% 的员工，未必是招聘时最优秀的员工，却一定是最能适应戴尔价值观的人，是戴尔的核心员工。他们对戴尔的价值观坚信不疑，能为戴尔公司创造出最大的经济效益（张从忠，2012）。但是，"员工—企业"的这种匹配理论在现实的招聘中未必能得到很好的实施，因为大部分企业和员工还是更倾向于"追求卓越"原则，而非"追求适合"原则。对跨国公司老总进行访谈时问到"招聘是否能保证员工个体价值观与企业价值观一致？"，得到的回答大部分为否定。因为根据马斯洛需求理论，无论"追求卓越"还是"追求适合"，都属于第二层次的"追求"，第一层次的追求是"追求拥有"，这是一种最基本的需求。同样，招聘涉及两个需求主体，即企业与员工，二者并非处于完全平等的地位，总会有一方占据主导优势。在求职者供大于求的状况下，员工处在第一层次"追求拥有"的需求状态，企业处在第二层次"追求卓越"的需求状态。员工为了进入企业，在满足第一层次"拥有需求"的动机下，会在一定程度上隐瞒对自己不利的信息，夸大对自己有利的信息，造成自己"适合"或"卓越"的假象，关于这一点，王春光、方文（2001）也持有相似的怀疑或感受：受雇者为迎合招聘标准，有可能隐藏自己与公司不同的价值取向，但其价值取向与公司价值取向之间的差异不可能被长久隐藏，员工进入公司实际工作一段时间之后，双方的矛盾与冲突终将发生。同样，在求职者供小于求的状况下，企业也会做出同样的反应。招聘时存在的信息不对称埋下了日后个体与组织价值观冲突的种子。

在员工选取阶段，应依据个人—组织价值观匹配原则，以组织价值观为选择标准，个人价值观与组织价值观一致的员工将被组织选取，不一致的员工将被组织拒绝。但员工的选取不是一个简单的线性过程，不是一个静态的一劳永逸的过程，也不是一个完全真实的过程。首先，鉴于信息不对称以及买方市场和卖方市场的现实状况，组织和个人在选取环节未必能展示完全真实的自我。为了选取或者被选取，双方都可能部分或完全隐藏自己真实的价值观以迎合对方，造成一种表象化的个人—组织价值观匹配。随着双方关系的稳固以及彼此了解的加深，双方各自真实的状况将逐渐暴露，冲突初显。

按照一般逻辑，个体的生存和发展是以个人价值观和组织价值观相一致为前提的，换句话说，当个体价值观与组织价值观相一致时，个体可以发展。公司政治的存在，使得个人的发展和价值观的适应未必存在一种因果关系。但如果个人的发展是通过非正常途径达到的，如关系网络，那么他必须为这个关系网络服务，而不是适应组织价值观。但作为组织的一员，甚至是组织在某个层面的领导，他必须至少在表面上制造他本人价值观与组织价值观一致的假象，对于善于钻营者，这种假象很具有欺骗性。这就是一些人满口仁义道德，而实际上却做着见不得人的事情的缘由。这种状况持续发展可能会产生两种结果：一种结果是该种个体价值观比较弱势，终究不能在组织主流价值观的大环境下长期生存，最终会露出马脚，被驱逐出组织；另一种结果是该种个体价值观比较强势，在组织价值观中处于主导地位，这样可能产生两种状况，一种是与原有组织价值观相一致的规则和制度不能束缚持有当前价值观的人，使得原来的规则和制度成为一种摆设，不能发挥任何作用，法制变成人治，另外一种状况是当该种价值观足够强大时，原来的组织规则和制度被改变，一种新的、与该种价值观相一致的组织规则和制度产生，实质上是新的组织价值观产生。

在招聘环节，跨国公司面临两种公平：一是被招聘的员工主体与跨国公司主体之间的平等；一是被招聘的主体之间的平等。在中国环境下，在跨国公司工作是"声望和地位的标志"，而跨国公司招聘的人也多为"中国在海外的留学生、华人华侨、中国港台人""在中国留学或工作过、有国外工作经验的外国人"，这说明跨国公司和被招聘者之间地位是不平等的，跨国公司处于上位；在被招聘的中国人和外国人之间也存在不平等，因为外国人的薪水远远高于同级别的中国人，而很多情况下，外国人对公司的贡献甚至小于中国人。

第二，培训未必能形成个人—组织价值观的契合。培训是否能够改变，或者说部分地改变双方价值观中不协调的部分？由于员工个体价值观与组织价值观并不处于同一个层面，不具有等同的地位，组织价值观是强势价值观，而个体价值观是弱势价值观，在这种协调和磨合中，往往需要做出改变或者妥协的是个体价值观，而不是组织价值观。假如员工对个体价值观不愿做出主动改变或者被动改变，员工将主动或者被动离开组织；假如员工对个体价值观做出改变，也将包含主动改变或被动改变两种状况。

员工工作价值观与员工能否在公司持续任职相关，当个人的价值观与组织无法适配时，会导致员工对工作不满，从而产生离职倾向（Brenner et al，1988）。员工工作价值观还会以工作满意度或薪酬满意度为中介影响工作绩效或离职行为（Fishbein，1998；Christina et al，2010）。此外，员工工作价值观和员工的其他工作产出也具有相关性，员工工作价值观对其行为具有激励作用（倪陈明，等，2000）。员工工作价值观中的积极因子对工作行为表现（Gerhard，2011）、组织公民行为、工作满意、组织承诺（Feather & Rauter，2004）、工作投入等有着促进作用。

费尔南德斯和安德伍德认为，在华跨国公司在对本土员工进行培训所面临的问题是"培训是为他人进行的投资，员工被培训后的结果是跳槽"，中国人在就业方面存在"机会主义"的倾向，这点与美国文化相似，与欧洲或日本文化相去甚远。当然，"培训成为嫁衣裳"的现象并非仅存在于跨国公司内，在中国的其他行业也绝非罕见。"出国培训"和"专业技术职务提升"是对员工具有吸引力的激励手段，但获得这种机会的员工也往往将公司提供的这个机会视为离开这个公司的平台和资本。在中国的高校，许多教师在出国回来或晋升为教授之后转至其他高校或单位。

二、组织价值观层面的冲突

（一）企业组织价值观冲突研究

企业文化冲突是企业制度、运行机制、组织架构和员工心理冲突的集中体现，是企业内化的、根本性的冲突（唐炎钊，等，2012）。

1. 企业组织价值观冲突演进

郑海航（2005）将组织按照功能分为生产组织和管理组织。在初期的企业形式手工作坊等组织中，无论生产组织还是管理组织，人员少，事务简单，冲突主要发生在经济和利益方面，冲突的形式多属于垂直的上下级式，冲突管理具有权威性和家长制作风特点。进入到传统企业组织阶段，企业所有者与经营管理者分开，管理职能开始细化，出现了"代理制"现象，组织内部人员关系变得复杂，生产管理和组织管理中的冲突范围、冲突内容、冲突形式和复杂程度增加，管理者在某些方面已经开始意识到冲突管理的必要性，萌生了冲突管理的思想。巴贝奇提出"利润分享计划"，认为工人的收入要与企业的利润和对企业的贡献相联系，提出"奖金制"的建议和设想，将员工个人利益和组织利益联系在一起，统一目标，减少冲突的因素和可能性。泰勒在科学管理理论中阐述了有关"劳资冲突"的管理思想。泰勒发现，劳资冲突的根源在于利益，资方想降低生产成本，于是便压低劳动者的工资待遇，而劳动者想尽量提高自己的工资和待遇，这似乎是一种不可化解的矛盾冲突。泰勒提出了将蛋糕做大的想法，蛋糕做大就是增加组织的整体利润，使劳资双方各自分享的部分相应增加，这样便会消除双方的对抗。福利特提出了"利益结合原则"的冲突管理思想，认为解决冲突，既不能通过斗争的方式，也不能通过妥协的方式，双方应该求同存异，从共同点出发，寻求解决方案。梅奥则在霍桑实验的基础上，提出了"非正式组织"学说，并从一个全新的视角看待组织内冲突问题。

非正式组织的运作以感情为基础和主线，对于非组织内的冲突，也必须以感情为突破口，注重员工的"感情逻辑"。现代企业的特征是：企业组织类型多样化；企业人口数量增多，员工来源复杂；组织规模变大，组织结构复杂多样；代理制已经应用，信息不对称等因代理制产生的冲突凸显；人力资本在企业发展中发挥越来越重要的作用，人的需求不再局限于经济增长范畴，人本层面的冲突越发复杂。人本层面的冲突首先表现为单位人口结构的变化。越来越多的女性进入劳动力市场，在个人需求内容上与男性差异很大，婚姻状况已经成为影响员工工作及企业效益的一个重要因素。单身青年（未婚与离婚两种情况，其中，未婚包括不想结婚和条件不成熟两种情况）和单亲家庭（包括离异和去世两种情况）不只是个人和家庭问题，已成为一个社会问题，更是企业面临的棘手问题。婚姻对工作可能产生负面影响，也可能对员工的满意度产生正面影响，如家庭的支持和理解也能增强员工对工作的满意度。其次，人本层面的冲突表现为老龄化趋势明显。老年人继续工作不单纯是为了经济利益，还有继续发挥余热、证明自身存在价值的需求。

2. 组织价值观冲突的层次

（1）组织自身价值观冲突。胡文慧（2012）认为，组织价值观具有时间特征，是"特定时间段"的组织价值观。一旦组织既定目标实现，组织环境发生变化，组织实践有了新特点，便会要求组织价值观随之发生变化。但由于价值观本身具有稳定性特征，很难发生变化，就会产生妨碍组织进一步发展的价值观冲突问题。解决组织价值观冲突问题，需要不断打破原有组织价值观的束缚，进行组织价值观创新或者创建新的组织价值观以实现与组织发展相匹配。此外，对组织目标认识和理解的差异也会导致组织价值观冲突。组织目标有长期目标、短期目标、核心目标、一般目标、战略目标、战术目标等不同层次，这些不同层次的组织目标必将反映在组织价值观上；此外，不同层次囿于自身的局限性，对组织目标的理解也会存在偏差，这些将会造成组织价值观的差异和冲突。解决该冲突，需要统一不同层次对组织价值观的认识。

（2）团体价值观的冲突。团体内冲突体现为：①领导风格差异；②任务结构；③团队构成异质化程度；④团队规模。团体间冲突体现为：①任务相互依赖；②对稀缺资源的依赖；③管辖权模糊。

（3）部门价值观冲突。在整个组织内部系统中，不同的部门有自己的组织文化和组织目标，沃尔和卡利斯特认为，组织系统内部的分工可能导致"局部思维"产生，即个人或者部门只是从本位的角度考虑问题，或者说在一个原本相互依存的系统中，因为目标的差异或受利益驱使，各方的行为和意见将产生分歧和冲突。

3. 组织内部冲突的原因

（1）公司政治：部门群体内部存在非正式组织的亚群体，俗称"派性"，派性之间的冲突将导致部门内部产生严重的内耗。亚群体可能是由普通员工自发形成的，也可能是以部门的同级领导、不同级别的领导为核心形成的。

（2）任务和利益的分配。分配分为两个方面，即收入性分配和支出性分配。收入性分配主要指利益的分配，支出性分配主要指任务的分配。提及分配，必将涉及"公平和公正"。每个人的角色不同，看问题的角度不同，对于"公平和公正"的理解便不同。作为部门领导，将站在部门全局的视角理解"公平和公正";而作为部门的员工，则往往站在个人的角度看待"公平和公正"，特别是关系到自身的重要利益时。在资源稀缺的状况下，当某一问题涉及不止一名员工时，往往会产生对"公平和公正"的片面理解，导致冲突。另外，如果部门领导不能站在"公平和公正"的角度处理问题，内部冲突的发生就更在所难免了。

（3）部门成员的结构特征。部门成员的构成状况也是冲突分析的一个重要因素，其具体包括：①男女的比例。女性的生理特征和在家庭中负主要责任的状况决定了其在单位的付出会少于男性，这会引起男性心理的不平衡。②年龄状况。不同年龄的员工带有不同的时代特征，员工间代沟的差异是导致冲突发生的一个重要因素。③员工文化背景的复杂程度。根据霍夫斯泰德关于国家文化的界定，国家文化体现在权力距离、不确定性规避、男性化/女性化、长期导向/短期导向等方面，不同的文化背景隐含着不同的价值观念、生活与工作方式，具有不同文化背景的员工在同一部门工作时发生冲突的可能性很大。

（4）部门精英。部门是部门成员的集合体的代称，其外显化的标志就是部门精英（包括部门领导）。部门精英的行事风格直接影响或决定着部门的整体文化或其他方面，组织中不同的部门会有不同的部门文化和行事风格，这就使部门之间产生差异，从而有可能发生冲突。

（5）部门规模。冲突的可能性和程度与部门的规模大小相关，部门的规模越大，部门内发生冲突的可能性也越大，冲突发生的频度也越高，冲突的强度越大。

（6）部门冲突的根源。部门冲突源于社会认同理论，即个体对自己群体产生认同，对内群体产生偏好，对外群体产生偏见。

组织间的价值观建设既非是多种价值观的平衡，又非物理性混合，而是化学性融合。首先确定主导价值观，进而将其他价值观融合进来。平衡的结果是双方共存，但却埋下了冲突的伏笔。混合将导致没有核心价值观。

刘炜（2010）从企业员工冲突观念、企业成员对于冲突性质的认识、企业成员对于冲突管理的认识、不同性质企业的差异分析方面对中国企业内部冲突与管理的现状进行了问卷调查与分析，得出研究结论为：企业组织冲突具有客观性；冲突管理具有必要性；员工冲突反映出了国家文化特征；员工对冲突的认识具有交汇特征；中国企业总体冲突水平偏高；不同性质企业组织冲突的现状具有一定的差异性。

（二）组织价值观与国家价值观冲突

1. 理论分析

跨国公司内部价值观冲突表现为东道国的经营活动中因母国（母公司）价值观与东道国价值观存在差异而导致产生误解和摩擦，甚至形成僵局（对峙）。跨国公司在母国经营过程中形成了稳定的组织价值观，在异国特定环境下，这种既定的价值观会受到一定的冲击。张立火、武玲玲（2013）探讨了跨国公司原籍国的民族文化对组织文化的影响和东道国的民族文化对组织文化的影响，发现就国家文化和组织文化而言，国家文化包含更多的基本价值观，而组织价值观更强调组织实践活动和组织行为方面，国家文化更能影响组织文化。忠明和黄月国（Chung - Ming & Huang - Yue Ngo，1996）通过对设立在中国香港地区的中国内地、美国和英国跨国公司子公司文化的研究发现，美国公司侧重理性文化，英国公司侧重层次文化，中国内地公司侧重集体文化，这说明跨国公司原籍国文化对子公司组织文化存在一定的影响。根据霍夫斯泰德的研究，中国文化属性中男性度文化倾向较强（男性度指数为66），而设立在中国的跨国公司（无论其原籍国国家文化的男性度/女性度状况如何）的子（分）公司的主管也一般以男性为主，这种吻合恰恰说明了东道国的国家文化对跨国公司子（分）公司组织文化所产生的影响。

徐思、何蓉（2010）对埃森哲和普华永道两家跨国公司在北京、上海两地的分支机构的组织文化进行差异性比较研究后发现，北京从历史上形成了高素质市民、官派作风、封闭性等地域文化特征，上海的地域文化呈现为多元性、包容性、现代性和商业性。他们采用纳尔逊和高普兰（2003）开发的文化测量系统进行研究，发现与上海地域相比，北京地域的工作或任务维度方面的努力程度、工作时间和工作完成程度较低，工作质量尚有保障；在人际关系和控制两个维度上，北京地域表现较高；在思维维度上，北京地域表现较低，特别是在抽象思维和灵活性上更差。在沟通方式上，北京地域因多与国有企业合作，注重关系网络的搭建，表现得更为随意；而上海地域因多与外资企业或民营企业合作，注重程序化建设，显得更为程序化。

著名的跨国公司都有自己的文化，然而，越来越多的跨国公司不得不采取本土化策略。

跨国公司作为非政府组织的一个类型，有其独特的价值体系。但跨国公司源于西方，其价值观必然奠基于西方价值观之上。西方价值观具有浓厚的文化相对主义倾向，文化相对主义的核心是尊重差别并要求相互尊重，强调多种生活方式的价值，以寻求理解与和谐共处为目的，而不去批判甚至摧毁那些不与自己原有文化相吻合的东西。相对主义价值观否认民族国家的权威，"常常以组织的价值观去衡量与之发生关系的民族国家，特别是不顾民族国家的国情和社会意识形态的不同"，这样就会造成组织价值观与国家价值观之间的冲突。

2. 目标的一致与环境的冲突

跨国公司进行域外发展或扩张时，推行母公司的组织文化无疑是必要的任务。通过组织文化的推行与实施，跨国公司可以在组织文化层面实现跨国公司系统内部的统一，有利于在母公司与各地的子（分）公司之间建立起一种标准化。这种标准化既便利母、子（分）公司之间、各地不同子（分）公司之间的沟通，也有益于增强子（分）公司及其员工对母公司的忠诚度。但跨国公司系统内部组织文化的统一很难实现，仅是一种目标或愿景，即便取得了某种程度上的统一，也具有很大的相对性和局限性，因为东道国国家价值观和地域文化的影响不可避免。

企业文化必然受到民族文化（national culture）影响。日裔美籍管理学家大内（Ouchi）认为，每种文化都赋予不同群体的人们以互不相同的特征环境。人们的消费方式、满足需求与欲望的顺序以及工作价值观和努力程度都是以他们所在国家和社会的文化背景为基础的。例如，日本丰田公司具有重视集体和等级森严的企业文化，而美国的通用电器公司的企业文化则崇尚个体与平等。

跨国公司在全球市场上因东道国的民族文化、组织文化以及个人行为文化的差异而引起的诸多管理方面的冲突，包括经营目标、决策程序、处事作风等等。

国家价值观应该与跨国公司价值观实现互动。强调国家价值观，但不能排斥自由市场的力量；重视跨国公司的价值观，但不能将跨国公司的价值观凌驾于国家价值观之上。国家利益和跨国公司利益之间的冲突，必须通过价值观的互动来消除。

跨国公司在海外建立分支机构（子公司或分公司）进行跨国经营时，不仅要考虑原籍国国家文化价值观、母公司的文化价值观和东道国国家文化价值观之间（假如存在合资与并购，还涉及东道国企业组织价值观）的相互影响并进行价值观选择的问题，还要考虑如何促进这些文化价值观之间的融合，形成内部一体化，增强外部适应性。

3. 跨国公司文化价值观与中国价值观冲突的具体表现

国家间价值观的冲突必将影响跨国公司内部价值观的冲突，具体表现为以下几个方面。

（1）国家间的冲突将影响到国民的情绪。跨国公司员工生存于这种冲突的夹缝中感到"尴尬"，既不想丧失自己的爱国心，也不希望丢掉目前的工作。但在中国"集体文化"环境下，人的"从众心理"使得跨国员工个体很难不受周围环境影响。

（2）在两国间的冲突激烈到一定程度时，子公司可能会撤回到母公司本部。那么从理论上讲，子公司的本土员工将面临两种选择：离职或跟随子公司到母公司本部（尽管面临这种选择的人数很少，但的确存在这种可能性）。

（3）"本土化"是大部分跨国公司子公司的运营策略，但真正实施本土化的是文化的"表层"部分，而非"价值观"，"价值观"不能"本土化"。

（4）跨国公司对东道国文化的忽视。一则耐克公司的广告宣传因涉嫌"亵渎中国风俗习惯"，而被政府相关行政管理部门叫停。耐克公司不得不做出解释，表达歉意。搜索引擎巨头谷歌（Google）之所以退出中国市场，也与中国国家价值观和跨国公司价值观之间存在差异不无关系。

（5）跨国公司显性文化与东道国隐性文化冲突。"公关"行为无疑是任何企业进行沟通和自我展示的一个主要渠道，特别是对于跨国公司来讲，是减少一个具有异文化背景的陌生进入者可能产生的抵触、寻求友好支持的有效途径。但市场竞争的基础是公开、公正、公平，与此相对，商务贿赂则是暗箱操作，它破坏了市场交易的秩序，打破了正常的市场运行和价值规律，导致"技术逆向选择"（即企业并非依靠技术、产品或服务获得竞争优势，而是依靠行贿获得非法利润）。西方的跨国公司一般都将行贿视为违反商业道德的行为而禁止，美国则通过立法禁止本国企业向其他国家的官员行贿。文化背景不同，对于"贿赂"这一概念在不同语境的界定和理解也存在差别。一些东方国家，如中国、日本、韩国，非常注重人际关系，无论在普通的人际交往还是在商务交往中，认同"礼尚往来"的价值取向，认为"送礼"可以促进人们之间的感情（但因"送礼"和"贿赂"的界限模糊，有些时候人们往往以"送礼"的形式或者以"送礼"为借口进行实际意义上的"贿赂"；即便完全是"礼尚往来"的一般性交往文化，也不为西方跨国公司所认同）。西方的跨国公司进入东方的文化环境后，其原有的企业价值观便与东道国国家价值观产生了冲突。西方跨国公司所秉持的一种理念是，"如果他们的产品足够精良，他们在一些国家就不必花钱行贿；而且在一些国家，他们能找到方法取代花钱贿赂"。IBM 明文规定，其所有交易都必须在既不行贿也不受贿的情况下进行。沃尔玛也严禁供应商以任何理由向公司采购人员馈赠礼品，哪怕是"一支笔，一杯茶"这种在东方文化中再普通不过的东西，一经查实，沃尔玛公司将终止与该供应商的合作。即便如此，安邦集团对跨国公司在华行贿情况的调查研究结果显示，中国在 10 年内至少调查了 50 万件腐败事件，其中 64% 与国际贸易和外商有关（李好好、孔令锋，2007），而且这一状况呈上升趋势。2004 年，朗讯科技公司中国区的经营行为因违反美国的《反海外腐败法》，四名高管被解雇。2008 年年底，德国西门子公司同意支付大约 13 亿美元的罚金了结一桩困扰两年之余的商业贿赂案，创下了商业贿赂罚款的历史之最。家乐福、IBM、德普、朗讯、沃尔玛、艾利丹尼森、UT 斯达康等跨国公司均登上过中国商业贿赂商家的榜单。这些跨国公司在华子公司的价值观与将"不贿赂"奉为企业价值观的母公司之间必然存在冲突。

文化差异的客观存在，势必造成文化之间的冲突，并使企业经理人之间、企业经理人与员工之间、员工之间在心理上形成"文化休克"（culture shock）。利克斯指出："大凡跨国公司大的失败，几乎都是因为忽视了对文化差异——基本的或微妙——的理解所招致的结果。"在跨国公司中，价值观念、思维方式、习惯作风等方面的差异往往会形成对企业经营管理中的一些诸如经营目标、市场定位、行事风格等基本问题的不同态度，从而给企业的整体经营带来隐患。民族性问题使得在华跨国公司的文化体制与中国人才价值观在很多方面存在着冲突。每个个体或群体在面对外来文化时，都会表现出文化自尊感和自恋感。因此，跨国公司在开拓国际业务过程中，"在东道国建立起的以其母国文化为基础的企业文化，自然就会与东道国的民族文化存在着冲突性和对立性"。在华跨国公司员工，因想进入跨国公司工作，开始的时候都会接受公司文化，无论出于自愿还是不自愿。但是当他们工作一段时间后，就会发现跨国公司的企业文化与自己周围的文化存在着较大的冲突。当这种冲突达到他们忍耐的极限时，就会毫不犹豫选择离开。这就是文化冲突与离职之间的关系。

三、国家价值观冲突

（一）政治价值观冲突

政治价值观主要是指意识形态。中国是社会主义国家，而西方国家是资本主义国家。在国际政治斗争中，由于一般社会主义国家处于弱势文化地位，被迫接受以西方资本主义国家利益为核心的国际惯例和标准。在这种背景下，一方面要坚持马克思主义意识形态，一方面又要向西方资本主义意识形态让步，必然会导致政治价值观冲突加剧。所谓的西方自由、民主和人权等观念已经在中国人，特别是年轻一代的心中留下了烙印，这点在政治生活领域已经有了突出的反映。

（二）社会文化价值观冲突

文化全球化绝非单纯的不同文化之间的交流与融合，而是西方资本主义主导下的文化在其他国家的渗透和蔓延。以商业性和娱乐性为特征的资本主义文化，通过好莱坞电影、商业广告等文化产品在全球传播。随着中国加入世界贸易组织，西方的政治、经济、文化对中国产生越来越深的影响。中国在文化阵地，既不能竖起高墙将西方文化堵在国门之外，也不能彻底放开。在这个过程中，中西文化领域的价值观冲突也会愈演愈烈。中国传统文化受到挑战，这点在家庭生活、教育领域已经越来越多地凸显。"舍身救人"的英雄壮举变得越来越少，西方的理性思维让我们变得越来越谨慎，这便是中西思想文化价值观碰撞的表现。"一日为师，终身为父"的观念几乎烟消云散，学校追求师生平等的身份地位和朋友的关系（张劲松，2008）。

（三）国家价值观与跨国公司价值观冲突

西方国家的价值观具有相对主义特征，尊重差异，强调多种价值和生活方式共存，强调个别价值观的独立性，忽视国家价值观与组织价值观之间的差别，将国家价值观与跨国公司等非政府组织的价值观放在同等地位，从而容易造成跨国公司价值观对国家价值观，特别是东道国国家价值观的影响和干扰。西方跨国公司的行为受理性主义支配，获取利益是其最终的价值追求。完全利益驱动下的跨国公司的行为会与东道国国家利益之间存在冲突。

（四）国家价值观影响下的跨国公司母、子公司间的冲突

万晓兰（2005）认为，无论跨国公司文化自身如何优越，也无论管理者如何将这种文化的优越性发挥得淋漓尽致，跨国公司以母国文化为基础建立起的企业文化与东道国文化之间的客观差异性也会导致文化价值观冲突发生。一些本土员工进入跨国公司工作并非完全被它的组织文化吸引，他们更为看重其优厚的物质待遇和晋升机会。但随着对跨国公司文化认识程度的加深，本土员工自身的文化与跨国公司文化之间的差异也越来越明显，由此产生的

精神压力超过物质待遇带来的满足，本土员工开始经受价值观冲突的影响。跨国公司原籍国国家的管理人员或员工往往用自己的文化价值观去要求或衡量跨国公司在海外开设的子（分）公司的本土员工，或者站在自己设想中的对方的文化视角或立场考虑问题，导致某种程度上的理解错位或偏差，成为冲突发生的潜在因素，反之亦然。例如，西方跨国公司母公司派到海外子公司的管理者认为中国文化是集体文化，中国本土员工应该秉承集体观念积极参与公司管理事务，而中国本土员工却往往在集体决策或会议讨论中保持沉默。

（五）跨国公司员工世界公民的特殊身份冲突

跨国公司的价值观是利益取向的理性主义，其跨国性和无疆界的本质特征使得它与传统意义上的主权国家或政府产生不可化解的矛盾。如果"忠诚"是一种价值观的话，在这种情况下，跨国公司员工应该是对跨国公司忠诚呢，还是对民族文化忠诚？

第四节　在华跨国公司中国文化因素

跨国公司在全球范围内促进了技术、资本、产品的流通，同时也将自己的企业文化和价值观进行输出。但这个输出的过程不是单向的一次性行为，而是与东道国当地本土文化和价值观在经过一系列相互作用后，最终形成自己全新的价值观。东道国价值观是跨国公司价值观的重要影响因素。

一、中国传统企业文化与价值观因素

唐炎钊（2012）分析了中国企业环境现状特征，得出结论为：企业实力不强，规模不大；基于关系取向、泛家族式网络，形成"熟人世界"信任机制；企业文化不成熟，认可度和包容度低；采取非国际化的企业管理方式和运作模式；国内市场（商品市场、金融市场、人才市场）是非理性的；等等。中国企业人力资源状况是：劳动力数量与质量不平衡，造成"企业人力资源总量过剩、结构性短缺并存"的现象（林新奇，2004）；企业员工的职业忠诚度和职业道德水平较低；在绩效管理与考核中，重结果、轻激励，重管理，轻开发。传统文化与价值理念影响深远，与市场经济的要求格格不入。

（一）中国企业文化发展

林新奇（2004）认为，中国企业文化的发展存在几个阶段：中华人民共和国成立前，外国资本和官僚买办所掌控的企业采取纯压榨和剥削式生产管理模式，不存在企业文化；在民族资本家开创的民族资本企业里，倡导以"民生精神"等理念作为企业文化，但鉴于其力量薄弱，不能形成代表性的影响力。新中国成立后，仿效苏联，国有企业的管理模式也采用苏维埃模式——高度的计划主义经济体制，形成"唯国家利益"的大集体观念，其中"官本位"思想和行政化管理特征明显。改革开放后，中国经济开始由计划经济向市场经济转型，企业逐渐成为市场的主体，现代企业制度的建立为企业文化建设注入了新动力。

（二）中国传统文化对现代价值观的影响

中国传统文化无论对企业价值观还是员工个体价值观都存在着深远的影响。传统文化中的艰苦奋斗和无私奉献精神无疑将在企业文化中产生正能量，而自古以来的平均思想和小农意识也必将阻碍中国企业发展壮大，"关系"意识、"人治"理念和家长制作风也是阻碍中国企业走向世界的主要文化因素。在全球化的今天，中西方文化频频碰撞，传统与现代不断交织，中国的企业文化与个体文化均处于一种不中不西、不古不今的状态之中，而相应的价值观也处于一种迷茫不清的情形之下。

（三）中国企业文化"单位"价值观

栗陆莎（2006）对比了中国文化背景下的单位价值观、行为方式和单位人特征与跨国公司价值观、行为方式和跨国公司员工特征，如表4-2所示。

表4-2 单位价值观与跨国公司价值观对比

价值观	
单位价值观	跨国公司价值观
服从（不质疑，靠近领导核心）	工作业绩为核心（责任心、主动性、团队精神、工作质量）
单位价值观	跨国公司价值观
人际关系好（没有争议、不得罪人）	建设性（参与决策、维护团队利益）
工作表现好（努力、勤奋）	尊重、合作与竞争（坚持原则，尊重他人）
能力强（将领导交给的任务完成好）	学习与提升（主动学习、勇于承担、创新）

行为方式	
单位行为方式	跨国公司行为规范
执行命令（不表现，谨慎）	规范做事（制订详细计划，按计划行事）
妥协（原则、操守）	主人翁精神（主动参与、尊重、负责）
做分内事（忽略没有明确的任务）	理性和建设性（对事不对人、坚持原则）
做领导安排的事	自我发展（提高技能、职业发展、创新思维）
公司行为	
单位行为	跨国公司行为
非建设性竞争（小报告、匿名信等非正常渠道）	团队合作（支持他人、贡献团队、职业发展）
双面人行为（人前人后不一样）	自我表现（充分展现自己的才能）
和事佬行为（不得罪人）	做正确的事（坚持原则、协商解决争端）
"领导至上"行为（按领导的要求做）	责任感（将自己和团队视为整体）
行为表现	
单位行为表现	跨国公司行为表现
缺乏合作精神（不支持他人、虚假表现）	理性竞争（公开、民主、坦诚）
关注人事，忽视工作	关注创新
背后攻击（表里不一）	坚持自己的意见（尊重、不妥协）
只对领导负责	独立思考（寻求最佳方案）
回避问题	主动发现、解决问题
员工特征	
单位人特征	跨国公司员工特征
职业品质低俗，缺乏独立性	职业品质高雅，独立性较强
不确定性焦虑度高（明确职责、保障意识）	较强的自我掌控和适应性
被动等待	主动学习和发展
工作绩效目标单一	
内部斗争	
双面人行事原则	

本土化员工在跨国公司的群体性行为模式可归结为：对上负责，找靠山（庇护思维，只能解决短期的名利问题，不能解决长期的职业发展）；官本位（领导至上原则，"官"有两个概念，即行政级别和国际身份，导致职业路径

单一和产生功利、势利思想）；随大流（缺乏责任感，向环境妥协）；夜郎自大（喜欢在别人，特别是外国人面前过高估计自己的能力）。职业作风表现为：沟通意识淡薄，沟通方式或渠道选择不当，沟通能力不高；合作困难，本地雇员之间合作要比本地员工和外籍员工之间合作更困难（典型的"窝里斗"现象）；协商采取"大民主"的方式，很难达成共识。

二、我国转型期价值观的新特征

（一）价值主体多元化

在计划经济模式下，国家或集体是利益的唯一代表，社会仅有一种价值体系，也只有一种价值观念，国家或集体是唯一的价值观主体；而在市场经济模式下，国家、集体，公有制企业、非公有制企业，以及个体都是利益的代表，利益主体变得多元化，价值观的主体相应也就变得多元化了。不同的价值主体根据自身的状况有不同的价值认同和利益取向，认同何种价值观取决于该价值观与其利益的密切相关度。对于企业员工，他们更多地认同就职的企业价值观，而非国家价值观或居住社区的价值观；不同企业的员工，价值观自然不会相同。

（二）价值观主体意识多元化

在自然经济社会形态中，个体不具有独立性，价值观的主体意识是整体意识；在计划经济中，个体要听从组织安排，缺乏独立性，主体意识中的个体意识极其淡薄；在市场经济中，个体之间价值的平等使得个体主体意识生成。中国特色的社会主义市场经济，既具有市场经济的一般性，又具有特殊性，形成"以公有制为主体、多种经济形式并存"的状况，这是价值观中主体意识多元化的基础。

（三）价值观客体意识多元化

在自然经济社会形态中，群体依赖血缘或地域这种自然纽带，宗法观念和伦理观念是价值观客体意识。在计划经济体制下，政治意识成为社会主导价值观念。在社会主义市场经济下，利益意识得到强化。

（四）多元价值观与主导价值观并存

新的价值观已经形成，但原有价值观仍然存在，新旧价值观的共存使得价值观多元化的状况变得更为复杂。价值观的多元化体现着价值观的不一致性，其中包含冲突的因素。价值观之间的冲突存在于不同个体、不同群体，以及个体本身、群体内部，相互交织，错综复杂。

三、中国员工价值观研究

在华跨国公司子公司实行本土化策略，绝大部分员工都是本土化员工。因此，了解中国国内民众的价值观状况，对于跨国公司内部价值观状况有参照价值。

乐潇（2012）将目前国内关于中国人价值观的研究归结为三个方面：一是文化层面，主要从中国传统文化、中西方、马克思主义视角进行研究；二是社会层面，主要探讨社会中不同群体的价值观，特别是年轻人的价值观；三是个体层面，主要分析价值观形成的个体相关因素。

万涛（2014）认为，企业员工的心理冲突主要表现在几种关系之间：个人利益与社会规范；利益心理与风险心理；进取与和谐。而心理冲突的根源在于错误指派和目标不一致、不适当要求、组织结构和管理风格等问题。

当代中国价值观出现了由传统向现代的转变，一元到多元的拓展。多元化的价值观造成人们思想上的碰撞、博弈。我国存在一元主导的国家价值观与个体的多元价值观之间的矛盾。

（一）中国人的价值观层级系统的矛盾和统一

从价值观层级系统中看，当代中国人的价值观整体上既统一又活跃，既多样又有序，但也存在着诸多矛盾：①在政府与大众之间，价值观存在集体主义与个人主义矛盾的现象。②在个体与组织之间，存在着不同的群体，群体之间也存在价值观相矛盾的现象。不同年龄阶段群体持不同的价值观：60后拼资历，希望论资排辈；70后拼实力，拼财富；80后、90后拼家庭背景（网络语言为"拼爹"）。青年人看重物质和实际，倾向于自我的满足；而中老年人看重精神，讲奉献。地域不同，人们的价值观也不同：东部沿海等经济发达地区，人们存在严重的拜金主义价值观；而在经济落后地区，人们的思想相对保守，认为金钱并不是幸福的直接因素。

（二）多元化价值观的影响

黄书光（2008）认为，我国多元价值观的格局已经形成：既有马克思主义的政治价值观，又有中国传统的文化价值观，还有西方的社会价值观；既有计划经济的价值观，又有市场经济的价值观，还有中国特色的社会主义市场经济价值观。这些价值观不可能被统一纳入某一价值体系，其相互作用时必将发生冲突。从微观层面来讲，价值观主体的个体意识也日趋多元化。价值观主体的自身需求、利益诉求、价值取向和评价标准呈现出更大的差别性，这必将造成价值观之间的冲突。

经济全球化的发展使得任何属于本民族的纯粹传统文化不复存在，所有民族文化都会在其他民族文化的影响下发生这样或那样的变化。特别是文化霸权主义的盛行和强势文化对弱势文化的侵蚀，使得部分人抛弃本土文化，部分人游离于外来文化和本土文化之间，对文化价值观的选择产生迷茫和困惑。

多元文化共存的组织，需要多元价值观共存，倡导多元价值观融合。跨国公司必须处理好母公司价值观、子公司所在地的国家文化价值观、子公司文化价值观（等同于子公司所在地的地区文化价值观＋子公司的组织文化价值观）和子公司内部员工文化价值观等各种价值观的协调。国家层面上，应处理好遵守当地国家法律、尊重当地文化习惯和宗教信仰等问题。

（三）中国当前个体价值观分析

1. 性别价值观

当代女性职工的价值观特点、工作特点：当代女性并没有改变过去以家庭为主的职业价值观，性别管理应该成为工作管理中的一个重要部分。随着教育程度的普遍提高、社会经济发展速度的加快和工作压力的增加，女性职业价值观的发展可以分为三个不同的阶段：生育之前；生育之后到孩子完成大学学业；孩子完成大学学业之后。当代职业女性的教育程度普遍提高，导致她们结婚年龄较以前偏大，而相应的育龄较晚。一旦在单位里稳定下来，她们便急于生育。育龄偏大造成生育风险加大，在工作和个人时间、精力分配的天平中，使得她们不得不偏重于个人这方面，因此，她们在工作中的投入较育前减少。在现实生活中，育儿成本的增加、对孩子成长教育期望值的升高、房价的飙升、物价的不断上涨和消费水平的提高使得她们承受更大的经济和社会压力，在"女主内、男主外"的传统观念影响下，她们也不得不将自己更多的精力放在家庭方面，以减轻男性在家庭中承担的任务，获得更多的发展空间，以支撑整个家庭发展。在摆脱了孩子、房子和其他方面的压力之后，她们才会考虑到个人的发展，才有可能将更多的时间和精力投入到职业中来。在这个过程中，任务分配和执行的方式必将发生变化。假定在一个时期组织的任务量是一定的，男女承担的比例也是确定的，但女性在怀孕之后所承担的份额减少的话，男性必将承担增加的份额。再假定男女在同一个地位层次，男性也仅会从自己的角度来考虑问题，而不是将单位组织中的女性放在家庭角色的环境去考虑，这样男性便可能会产生心理的不平衡感，从而与女性或者组织产生冲突。反过来看，在同一个机会或者相同的利益面前，女性通常不会将自己放在"家庭和单位组织"的情境下考虑自己的身份，不认为自己与男性存在隐性的不平等，不认为自己应该进行"退让"或者"妥协"以避免将潜在的矛盾激化；而是认为自己和男性处于平等的条件之中，大家应该进行"公平"的竞争，最终导致冲突发生。因此，在因性别产生的冲突中，应该让女性认识到自己价值观的偏差，以现实为基础，调整自己的价值取向，在真正"公平"的前提下考虑问题，会避免不必要的冲突的发生。

费尔南德斯和安德伍德认为，"今天的中国女性要比他们在西方的伙伴更有动力去重视职业生涯"，其原因在于男女平等的权利意识、计划生育政策使她们从家庭中解放出来、父母发挥余热帮助照顾孩子和家。但现实的另一方面是"计划生育"政策使得女性在家庭方面投入的关注度更高一些。

2. 年龄价值观

费尔南德斯和安德伍德认为，中国新生代的消费观是"高要求、直言不讳、充满敌意"。这说明价值观明显地受年龄因素影响。不同年龄阶段的人群看待冲突的角度不一样，一般会选择不同的解决策略。中国传统的文化认为"四十不惑，五十而知天命"。年轻人气盛，在冲突面前容易失去理智；岁月的磨砺，会使人的脾气秉性发生一些变化，看淡许多事情，便不会过于较真，能忍则忍，从而"大事化小，小事化了"，尽量消除潜在的冲突，化解已经发生的冲突，降低冲突的强度。不过，年龄也是引发冲突的一个重要因素。首先，企业界并没有针对不同年龄阶段而制定职业要求或考核标准。现实的情况是，年龄不仅隐含着体能的差别，也包含着价值观、思维方式、工作的方式方法等诸多方面的差别。由年龄所产生的冲突也不可忽视。"59岁现象"就形象描绘了这种价值观冲突。临近退出职业生涯的年龄，回想自己以前的付出（为组织奉献的青春和时光），似乎猛然感觉自己的投入与付出不成正比，应该进行自我补偿。尤其在与外界标杆进行对比之后，发现了相对的差距，内心便会产生不平衡感或落差，当这种不平衡感或落差达到不可承受的程度时，冲突达到峰值，此后发生的行为便是价值观冲突的外在结果。年龄因素的影响不仅表现在自身，还会发生在人与人之间，人与组织之间。20世纪80年代、90年代出生的人带有很强的自我特征，他们与50年代、60年代、70年代出生的人在价值观上存在很大的不同。后者内敛，谦逊，推崇"论资排辈"的理念；前者推崇自我，表现自我，"以成败论英雄"。后者认为前者什么都争，什么都抢，只顾自己，永不满足；前者认为后者落俗套，以资历压人，不能与时俱进，喜欢"抱着过去过日子"。在单独看待某一个问题时，很难将二者的观点融合在一起，这样便会产生冲突。在与组织的关系上，也会存在一定的问题。在人事选拔和职务晋升上只有年龄的上限，而没有年龄的下限，年轻化趋势明显。这会使一部分人认为体制上存在不公平，并由此引发对组织的不满、导致个人与组织的冲突就不足为奇了。

3. 教育背景价值观

受中国传统文化影响，"学而优则仕"的思想观念已经根植于人们的价值观体系中。在社会的某些特定领域、企业组织某些部门的实际运行规则也印证了该思想观念的可行性。在同等条件下，教育背景好、学历层次高的员工，享受到的机会和待遇要高于教育背景差、学历层次低的员工，这是教育经济中的投入和产出的一种正态效应，大家也认为这是理所当然的。一旦受教育的程度与享受的机会和待遇不成正比，或者说教育背景不能成为一种衡量标准的话，可能会引发冲突。一旦冲突发生，教育背景会对个体所采取的解决冲突策略产生一定的影响。从专业背景来看，在冲突的内容与冲突主体的专业相关的情况下，学历的高低与解决冲突策略的选择相关，与冲突解决的程度正相关；从解决冲突的方式方法来看，具有文科教育背景的人多会从"感性"和"浪漫"的角度考虑，而具有理科教育背景的人多会从"理性"和"现实"的角度去考虑。在冲突的内容与冲突主体专业背景不相关的情况下，教育程度的高低与冲突策略的选择是否存在一种规律就很难确定了。任何事物都有两面性，一般来讲，教育程度越高，某方面的专业知识越精尖，权威性越强，看问题的角度和视野也会越窄，容易产生片面性和偏颇性，选择的冲突解决策略理论性会相对较强；相对于高学历的人群，低学历层次的人群实践方面的知识和经历要多一些，选择的冲突解决策略现实性会相对较强。

4. 职位价值观

相对于西方文化，中国传统文化比较淡漠"法治"，注重"人治"，这就造成人们的规则意识不强。这种"人治"既是导致冲突发生的一个因素，也是人们处理冲突的一种手段。随着法治社会建设步伐的加快，这种状况有所改观，但其影响的整体弱化或者消除将是一个长期的过程。假如大家都是照章依规办事，发生冲突的可能性就会大大降低。

第五节　跨国公司价值观冲突研究存在的问题

一、概念与内涵的局限性

（一）个体自身值观差异

个体自身价值观差异不应仅仅指"个体期望与实际组织价值观差异对员工行为的影响"，还应该包括"随着年龄的增长、教育背景的提升、特殊的生活或工作经历、社会地位的改变"等个体因素的变化而发生的价值观的改变。

1. 个体价值观的自我认同

从理论逻辑上来讲，既然价值观是一种评判的标准，而每个人（这里指一般意义上的"正常人"）都在不断地进行评判，都具有评判的能力，那么可以说，每个人都具有自己的价值观。现实情况呢？一些状况下，人对自己所持有的价值观是模糊的，或者说不能准确清晰地界定。正如每个人都会遭遇"身份认同危机（identity crisis）"一样，对于"我是谁？我能做什么？我将来怎么样？"这些问题感到迷茫，不知所措。在个体价值观上，也存在这样的问题。价值观的形成是一个复杂的过程，不仅受自身生理机能影响（诸如"基因"等先天遗传的、不可控的生理因素），还受外部环境和自身经历等社会因素影响，使价值观具有"深层性""潜在性""模糊性"等特征。个体自身价值观差异在这个层面上是指个体自身感知的价值观与个体自身真实的价值观之间的差异。在特定情景下，个体对工作的态度、看法、意见和行为并不一定和自身真实价值观一致，个体行为也未必是个体真实价值观的反映。外部环境是一个重要因素和变量，外部环境越复杂，这种差异性越大。相对于其他企业而言，跨国公司的环境较为复杂，那么这种差异性将表现得更为明显。

2. 个体价值观的自我变化

相对于"组织价值观"而言，个体价值观具有更多的不稳定性和变化性。从功能上讲，组织价值观不仅有激励的作用，还有约束和规范的作用。"铁打的营盘流水的兵"，"兵"可以换来换去，但"营盘"不能动，因为

"营盘"是根基，是阵地；同样，员工可以调换，但组织价值观不能变，若组织价值观处于不断变化之中，员工将无所适从。与组织价值观相比，员工价值观改变的可能性要大一些。在中国，历史上因社会身份地位改变进而使价值观发生根本性变化的事例并不少见。相对于较为稳定的"组织价值观"来说，一旦"个体价值观"发生改变，与没有发生变化的"组织价值观"之间必然产生差异，导致冲突发生。员工个体价值观的改变存在两种状况：一是"量"的改变；一是"质"的改变。假如员工价值观发生的变化并非实质性变化，仅是"小范围""小规模""少量"的改变，则不会造成"割裂性"结果。当然，"量"与"质"之间并不存在一个绝对的界限，"量变"不断发展的话，终将形成"质变"。

3. 跨地域工作者的价值观

跨国公司的"跨"，首先是地域上的跨界。地域的改变，特别是国别地域的改变，实际上是大的环境的改变，而环境对价值观的塑造发挥着重要作用。这里还涉及另外一个变量：时间。假如时间过短，不会有太大的影响；假如时间足够长（几乎相当于"移民"状况），也不在本研究考虑的范围。在跨国公司工作的外来工作人员，一般来讲，工作时间不会太短，也不会太长，对其价值观产生根本性影响的可能性不会太大，除非有特别偶然的事件发生。

（二）不同个体间价值观差异

郑伯壎的研究仅限于"不同层级之间，上司和下属之间"，但实际上的个体之间的价值观差异更多地发生在"同级之间"，更大范围上讲，是人际关系的问题。在"高权力"国家文化背景下，即便"上司和下属"之间的价值观存在差异，下属也不得不服从上司的意见和安排，尽管这样会对员工工作绩效造成一定的负面影响，但不是根本性问题。但"同级之间的矛盾"却具有不可调和性。无论在企业还是在事业单位，类似"书记和厂长"之争的现象比比皆是。表面看来，这种冲突可能更多是"权力之争""利益之争"，但从深层挖掘的话，"个体价值观"不一致应该是根本所在。领导层这样，基层的普通员工也是如此。在单位中"谁与谁合不来""谁与谁关系铁"的说法和现象，不仅仅是"个性或性格"使然，其中也不乏价值观不一致的因素。中国传统的"不患寡而患不均"思维模式使得这种状况变得异常复杂。无论级位差别多大，人与人之间的共性是不可泯灭的。居于高位的人不难发现与自己价值观一致的下属，但同时也会发现与自己价值观不一致的下属，在这种情形下，无论从客观的晋升机会、资源配置，还是从主观的情感联络、交流交往，都会不自觉地带有一种倾向性，从而引起下属之间、下属对上级和组织的敌对和矛盾，加剧价值观不一致的程度。就跨国公司而言，还存在不同国家文化影响下的个体之间的差异。跨国公司有来自其他国家的人员：无论是普通员工，还是管理者；无论是生产技术人员，还是销售专家。他们的加入无疑会使组织的价值观变得更为复杂。这种复杂不仅仅是价值观差异本身造成的，还受风俗习惯不同、思维模式不同、语言交流障碍等因素影响。

二、概念与内涵的虚幻性

（一）个体价值观与组织价值观差异

个体价值观与组织价值观之间存在差别，不仅仅限于"感知与实际组织价值观"的差别，还包括对事物理解的偏差。假如"以人为本"是组织价值观，这其中就存在一个对"人"的理解问题。"人"是一个虚指的概念，员工是人，老板是人，顾客也是人，以谁为本？就组织来讲，假如其内涵是"以员工为本"，员工又是谁？显然，在这种语境下，"员工"应该是集体概念，而非个体；但在员工层次，如果员工价值观与组织价值观一致的话，也是"以人为本"，或者"以员工为本"，就某个员工个体来讲，这里的员工肯定是"我"，也就是"以我为本"，而非"以全体员工为本"或者"以其他某个或某些员工为本"。广义的群体"员工"概念，显然不同于狭义的个体"员工"概念。这个层面的差异在现实中也绝非罕见。就跨国公司而言，"员工"这个概念的内涵与本土企业"员工"的内涵绝对不同。无论跨国公司多大程度地实施本土化策略，其员工构成结构也会不同于本土化公司。跨国公司员工构成的复杂程度要高于本土公司。在这种情况下，要求员工价值观与组织价值观一致是存在一定难度的。

（二）"国家价值观"的矛盾性

毫无疑问，"爱国"或"维护本国利益"是任何公民的国家价值观的重要组成部分之一。但对于跨国公司的员工，无论其工作环境是在异国，还是在本土，都将存在自身的价值观冲突。在数度与他国的冲突中，国人用不同的方式和行为表达着自己"爱国"或"维护本国利益"的价值观（这里是指"合理、合法的爱国言行"），但对在中国境内的该国跨国公司子公司就业的中国员工来讲，又该如何诠释"爱国"这一价值观呢？从国家层面来讲，公司是他国的公司，老板是他国人，代表着他国国家利益；自己是中国人，从国民性来讲，代表着中国国家利益。从逻辑上而言，个人是国家的一分子，一个组成部分，国家利益和个人利益是一致的，没有国家利益，哪里还有个人利益？但跨国公司员工，具有双重身份，既属于国家，又属于跨国公司这个组织，而个体—组织（跨国公司）—国家这三者，又不在一个垂直的系统中，当"组织（跨国公司）"和"国家"的价值观或者利益不一致时，或者说当个体—组织（跨国公司）—国家这三种价值观不一致时，个体应该努力和哪一方保持一致呢？当然，这要取决于两国冲突的严重程度。一般来讲，当双方矛盾不严重时，员工一般会与"组织"价值观保持一致（并不意味着与国家价值观背离，因为限于两者的一般矛盾，不会影响到价值观问题）；但当双方矛盾发展到不可化解时，自然是以民族大义为重。但现实的状况往往是这个界限不会如此明显，而跨国公司的员工也会一直生活在"个人、组织（跨国公司）和国家"价值观的纠结之中。因此，如何解决这一问题，或者说探明跨国公司员工价值观的现状，对于解决跨国公司员工内心的迷茫和困惑，具有现实的意义。

（三）组织价值观与国家价值观两面性

一家美国跨国公司在中国的子公司的价值观与哪个国家价值观相一致？可能存在四种情况：①与美国一致；②与中国一致；③与谁都不一致；④与谁一致。但③④两种情况发生的可能性很小，特别是第④种情况，可以忽略。在某种程度上，价值观与利益是一致的，国家之间的利益能否一致，与价值观是否一致存在一定的相关性。

第五章 跨国公司价值观冲突管理理论与策略研究

第一节 企业冲突管理的一般理论与策略

一、冲突管理的必然性与迫切性

(一) 冲突管理的必然性

冲突对组织产生影响是毋庸置疑的。组织就是一个结构复杂、协调统一的有机体，当组织的每个部分运转正常、与其他部分有序协调时，组织处于良好的状态。当组织的某些部分不能相互匹配协调时，组织系统便会紊乱，组织整体不能正常运转，此乃为"牵一发而动全身"。当组织本身的纠偏能力不足以强大到使得组织恢复到正常状态时，就需要外在的力量进行干预，此时管理就应该发挥它的功能。刘炜（2010）曾将组织与人体进行类比，而组织系统的紊乱就像人体某个器官或者某些器官不能正常发挥功能一样而导致疾病发生。她将冲突比喻为侵入人体内的细菌，既有促进身体生长发育、有益于健康的有益菌，也有妨碍健康、导致疾病的有害菌。管理的功能正如医治身体疾病的药物，药物可以杀死体内的病菌，管理可以解决组织内的冲突。由于体内的两种菌同时存在，药物的应用不仅能够杀死有害菌，也会杀死有益菌。如何保证发挥药物的最大效用，用药的量是一个关键因素。同样的道理，企业组织的冲突也分为两种，即促进组织发展的有益冲突和妨碍组织发展的有害冲突。针对企业的冲突，管理干预是必要的。但管理的功效也存在两面性，它在消除有害冲突的同时，也会对有益冲突产生不利的影响，管理的度便成了一个关键要素，即应进行"适度管理"。当然，这里的"度"应该从更宏观的角度去理解，不单单指"力度"和"程度"等量化指标，也指方式、方法、手段等不可量化的方面。总之，实施适度的管理对于组织冲突的解决具有一定的效用。解决冲突的目的在于保证组织的正常运转和健康发展，进而提高组织的绩效。

（二）冲突管理的迫切性

冲突的发展存在"滚雪球"现象。在矛盾与冲突处于萌芽状态时，要及时进行化解。否则，矛盾与冲突就会像滚"雪球"一样，越"滚"越大。假如冲突一直都得不到化解，最后会发展到不能调和的地步，双方关系将走进"死胡同"。

二、企业不同的发展阶段冲突策略

企业在不同发展阶段将呈现不同的冲突状况和相应的策略选择。在企业发展初期，组织结构单纯，人员关系相对简单，机会多，大家发展的可选择余地大，个体自身、员工之间、员工与部门或组织之间的冲突相对较少较小。在企业发展成熟期，组织结构变得复杂且相对稳定，人员需求量大，且来源较为复杂，稀缺资源竞争开始变得激烈，新老员工、非正式组织等各方面的关系变得紧张，冲突的数量增多，冲突的层次向纵深发展。在企业衰落期，组织的凝聚力和对员工的吸引力下降，"树倒猢狲散""大难临头各自飞"，一般员工都在为自己的将来着想，希望到企业外面寻求新的就业或者发展机会，企业内部竞争变弱，员工个体之间的关系变得松散，矛盾和冲突减少；但员工和组织间的控制和反控制矛盾加大。员工试图离开和摆脱组织的倾向与组织极力减少员工流失或控制员工活动的倾向冲突变得愈发紧张。

三、企业冲突管理的几个问题

（一）针对冲突管理应把握的几个原则

第一，抓"主要矛盾与冲突"的原则。其理论依据为"二八原理"，即中间派居多数，极端派占少数。控制了极端派因素，也便可以控制整个局势。

第二，权变原则。没有一成不变的矛盾和冲突，也不能将一种管理模式或方式方法用来解决或处理所有形式的冲突。

（二）冲突管理的策略

首先，以企业价值观统领员工的工作价值观。建立包容的企业文化（文化具有传染性，包容的文化必然影响员工的价值观念与处事理念，包容的企业文化容易造就包容的员工个体，包容可以将不协调或者冲突融化在较大的文化圈内），实施公平的分配制度。

其次，从冲突的根源入手，将冲突扼杀在摇篮之中。发现冲突的迹象，即刻寻找冲突的根源，避免冲突扩大化。这就需要管理者具有冲突意识，对于日常发生或者存在的利益需求和观念差异要及时协调。

最后，对于已经发生的冲突，不要放之任之，要从冲突的过程入手，积极地协调处理，可采用岗位轮换制等方式。岗位轮换是通过改变冲突主体工作环境的一种方式来解决冲突的办法。岗位轮换既有及时效应，也有长远效应。通过加大冲突主体间的距离，减少他们接触的机会，来解决冲突。从长远角度来讲，岗位轮换可以拓展冲突主体的思维，转变他们看待问题的视角。使冲突双方理解造成冲突的原因，从根本上化解冲突。

（三）解决冲突的协调机制

刘炜（2010）通过对冲突成因量表各题目的均值分析及开放式问题的分析得出结论：引发企业冲突的最主要原因是"利益"，其次是"目标与观点的不一致"。对冲突成因进行差异性分析可以发现，最易受到各差异因素影响而产生显著性差异的子因素是"内心冲突"，最能引发显著性冲突的差异因素是"教育程度"。

解决企业内部冲突的协调机制的因素包括信息的沟通与交流、成员间的相互信任、任务的可计量性、有效的奖惩机制，以及观测监督企业成员行动和后果的监测体系（刘炜，2010）。

第二节　跨国公司多元化价值观和谐体系构建

一、多元化价值观形成的时代背景

赵曙明（2001）指出，跨国人力资源管理不仅要摆脱不同文化差异在知识和信息传递与交流过程中产生的失真与停滞等不利因素的影响，还应从不同的文化中汲取便于组织整合和观念、知识创新的有利因素。在诸多因素中，多元化是进行文化开发与培养宽容心态的思想基础。知识爆炸，信息泛滥，使得每个人都能够了解和获取足够的信息，但基于个体差异，人们在对事物进行解读时，会选择不同的信息，即便是选择同一信息，也可能会有不同的角度，这样就产生了形成不同价值观的基础。鉴于不同知识和信息的相融性，不同的价值观也会共存。但这种共存并不说明它们之间不存在矛盾和差异。

这是知识信息时代的特征。

二、多元化价值观构建的基础

全球化意味着多元化。跨国公司是全球化的缩影和典型代表，跨国公司内部也必然包含着多元化价值观。

（一）多元价值观形成的原因

关于价值观多元化的形成原因，目前存在几个研究视角。

价值哲学研究视角认为，利益主体的多元化是价值观多元化产生的最根本原因。多元化的利益主体产生多元化的需要和主体对价值关系多元化的评价，最终形成多元化的价值观。彭永东、朱平（2011）认为："利益是多元价值观的实体范畴，价值和价值观是多元价值观的核心范畴。"国家价值观的利益主体是代表全体国民利益的政府，是一个抽象的主体；组织价值观的主体是半抽象的人群集合；个体价值观的主体是一个具体的存在。计划经济时代，国家利益（体现为全民利益或集体利益）统摄一切，个人利益即便存在，也被压制、忽略甚至抹杀。而在市场经济模式下，"经济成分的多元化促使个体利益主体意识的萌发，个体对自己利益的要求更加明晰了"（彭永东，朱平，2011）。

解释学研究视角认为，理解这一主观性行为具有个体差异性特征。对同一种社会事物或行为，不同的个体具有不同的理解；即便同一主体，从不同的角度、立场出发也可以产生不同的理解。正是这种价值理解的个体和视角的差异性造成了价值观的多元化。心理学研究视角认为，世间存在多种价值观念和体系供个体进行选择，经过个体选择的价值观被纳入个体的原有价值体系，对不同价值观的选择导致不同个体价值观的多元化。

社会哲学研究视角认为，价值观多元化是"一个社会系统中特定民族的社会关系、文化系统和观念意识形态的离散、分化和互解的状态"。价值观多元化具有"共时态性"，即同一个时间点上可能存在多种复合价值观因素。

刘小新（2005）认为，价值观多元化的内涵包括"不可通约性"，使得价值观之间的冲突不可避免。多元价值中存在不可回避的个体价值与群体价值、理想价值与现实价值、功利价值与非功利价值间的差异，这些差异将导致价值观之间产生冲突，造成整个社会价值体系的混乱和失衡，破坏组织的和谐和社会的凝聚力。

范徵（2004）认为，跨文化的优势来源于多样性。他认为："不同的语言、文化和价值都被国际商业的基本原理融合到一起……其结果是提高了生产力，增加了财富。"多样性是指"将来自不同背景、处于不同生活阶段的人们聚合到一起，给公司带来盈利和竞争力"。他将跨国公司中多样性所产生的优势归结为：在市场方面，提高本土市场文化偏好的应变能力；在资源获取方面，通过从不同国家背景的人中聘用员工，充实人力资源；在成本方面，降低周转和聘用非当地人担任经理所花费的成本；在解决问题和创造性方面，通过拓宽看问题的视角，减少过高一致性带来的弊端，提高决策质量和创造力；在灵活性方面，提高组织在需求多样性和环境变化形势下的应变能力。

跨国公司的本土化本质上也是多元化。跨国公司对子公司进行管理时，既要保留母公司传递给子公司的先进的、优秀的企业文化和管理模式，又要创建适合子公司所在国当地员工和环境的企业文化与管理模式，努力将两种文化或更多种文化中的不利因素减到最少，将其有利因素发挥到极致，使跨国公司子公司的经营效益达到最佳。林新奇（2004）认为，跨国公司在进行生产经营管理和人力资源管理时，往往面对与母公司文化不同的文化和"由这种文化决定的有着不同的价值观、思维模式及行为方式的形形色色的人"。

不同的文化和具有不同文化背景的人在进行决策时，可能会产生两种情况：一种情况是以自身的文化和价值观作为参照坐标去判断来自异文化的信息，可能导致决策失误；另外一种情况是具有不同文化背景和价值观的人面对同样一个问题时，各自以自身的文化和价值观作为参照坐标，形成不同的判断，得出相互冲突或者相互补充的结论。

在关于文化多样性与单一性对企业绩效影响的研究中，科瓦奇（Kovach）得出结论为：企业多元文化可能导致产生两种极端的企业效益，即最差或者最好。如果多元文化能够得当管理，将给企业带来好的效益；若协调不力，将产生糟糕的负面影响。总之，"多元文化群体比单一文化群体更具有动态性和影响力"。

（二）我国多元价值观现状

我国正处于政治经济建设的转型期，产生了各种不同的价值观念。刘小新（2005）认为，目前我国存在"中国传统价值观、从西方传入的价值观、过去'左'的价值观、改革开放之后新形成的价值观"。赵春华（2007）认为，我国存在"科学主义价值观和人文主义价值观、集体主义价值观和个人主义价值观"两组相对的价值观。郭盘江（2009）认为，目前我国存在三种形态的价值观：以集体为本位的价值观（与计划经济体制相匹配）、重能力的个体本位价值观（与市场经济体制相匹配）、功利的利己主义价值观（在西方消极价值观影响下形成）。

多元化价值观不可能停留在固化、静止的状态，必将不断处于动态的发展过程中。杜尔凯姆强调"价值共识"，提出"集体意识"的概念。罗尔斯在对达成"价值共识"问题的研究过程中，提出"重叠共识"的概念。贺来基于价值观的开放性和包容性特征，提出多元化价值观应该从"价值信念的层面进行中西马克思主义哲学的对话与融合"。中国社会价值体系是"一主多元"的模式，这一模式是中国几千年传统文化的积淀，是中国社会根干价值的重要体现。在"一主多元"模式下，多元价值观之间并非相互排斥，而是求同存异，和谐相处。一元与多元的关系并非单向的统治与被统治关系，而是主导与从属关系，二者具有相通之处。

乐潇（2012）将当代中国人的价值观演变特点归结为从传统到现代价值观的转变，其所依附的社会形式表现为：经济上由自然经济向市场经济转变，政治上由集权专制向民主法制转变，社会关系上由身份地位为特征的关系向个人独立自由转变；由一元到多元价值观的拓展，即形成以爱国主义、社会主义和集体主义为主要内容的马克思主义价值观主导的社会主义价值观体系；理想价值追求与现实价值追求的冲突；社会转型带来的价值选择的困惑。他认为，中国人的价值观层级系统是由政府所倡导的主流价值观（道德观、发展观、人本观、主权观、民族观）、精英阶层的价值观（民主观、自由观、和谐观、公正观、富强观）和大众的现实价值观（消费观、家庭观、社会责任观）所构成，但这个系统中存在着矛盾与统一，表现为政府和民众之间的集体主义和个体主义价值观之间的矛盾、精英阶层价值观与其他阶层价值观之间的矛盾以及大众内部群体间价值观的矛盾。

（三）关于多元价值观共存的探讨

1. 多元价值观共存

一头狮子带领一群绵羊的团队是否能战胜一头绵羊带领一群狮子的团队？关于这个问题的探讨，仁者见仁，智者见智，争论得不可开交。但这种争论是没有任何现实意义的，因为这个问题本身并不成立，在现实生活中也不存在。除非这是在童话故事中，或者经过驯兽师的特殊训练，否则狮子和绵羊怎么可能组成一个团队呢？因为它们的属性和本质是不相融的。这个例子本身也说明了多元化的价值观问题。在自然状态下，多元价值观是可以共存的，但这里存在一个范围和程度问题。根据"世界普遍联系"的法则，任何事物之间都是存在联系的，或者说任何事物之间都会存在一定的关系。"相融"是一种关系，"不相融"也是一种关系。但"相融"与"不相融"的程度受到事物所存在的范围的影响。狮子和绵羊是不相融的，但它们在没有直接接触的状况下，是可以共存的。但若将它们放在一个能互相接触的范围内，或者组成一个多元化群体的团队，团队内绵羊必将消失。在组织团队建设中，此种现象亦存在。彼此不相融的价值观是无法存在于一个组织之中的。目前理论界中存在的两种观点：组织中价值观匹配可以提高绩效；组织中价值观适度冲突可以提高创新，这里的适度冲突就是程度问题。"相融"涉及两个方面的问题："相融性"和"相融度"。以不同的工作价值观为例，在当前社会，一般来讲，工作的一个主要功能是作为经济来源，但这里存在一个"度"的问题。有的人唯金钱论，工作的目的就是多挣钱，因此只要给钱，加班并不是问题；有的人属于享受型，希望多一点时间休闲娱乐，即便多给钱，也不希望加班。假如组织中存在着两种不同的价值观，我们用其中的任何一个价值观进行统一管理的话，也会产生问题。这其中便存在一个"相融性"和"相融度"的问题。若以上两种价值观具有典型的群体或者地域代表性的话，就会产生价值观管理与地区文化适应性的问题，正如不能将美国企业的管理模式照搬来管理中国企业一样。

2. 多元化组织价值观的金字塔理论

假如存在不同层级的组织价值观，那么金字塔底层价值观多元化的程度要高于金字塔顶层价值观多元化的程度。底层的多元化显示出民主的管理，易激发创新的力量；但顶层必须单一化，才能保证领导力的集中。假如顶层也存在多元化的话，将导致核心价值观不统一或者不存在，无法形成强有力的领导核心。在不同组织之间，底层价值观多元化的相似度很高，但顶层价值观的相似度却很低。换句话说，越是接近基层，价值观基本是一致的；越是接近顶层，价值观相差越多，差异越大。这是否存在一个悖论，组织价值观和组织员工个体价值观未必是一致的。人的价值观如此，组织价值观怎样？组织价值观也分为表征的和内在的。如果组织价值观与组织行为一致，那么表征价值观与内在价值观就是一致的；如果组织价值观与组织行为不一致，就存在表征价值观和内在价值观的差别。在表征价值观与内在价值观不一致的情况下，员工更多倾向于内在价值观。内在价值观也就是通常所谓的潜规则。但大家若都按照潜规则行事的话，组织价值观也便成为摆设。

第三节　跨国公司价值观管理体系建构

一、价值观管理的意义与内容

（一）价值观管理的意义

管理中存在三个阶段：经验管理阶段、科学管理阶段和文化管理阶段。所谓文化管理，就是在企业中培养企业文化，使职工树立共同的价值观，通过这些价值观、道德观来加强管理，故也称价值观管理。价值观管理的关键在于价值观契合。

吴维库（2012）认为，以价值观为本的管理，是从以关系和面子为核心的"义气管理"到"理性管理"、从经验管理向科学管理再向文化管理的转化。价值观与制度之间存在一种必然的关系（制度保证价值观，价值观高于制度），价值观管理是一种规范化的制度管理，但它又超越制度。制度管理存在一种界限，即制度约束的边界，而价值观管理又是一种自我管理，在制度不能或没有涉及的领域就要依靠价值观。价值观与制度的关系有些类似于道德与法律的关系。

作为企业文化核心的企业价值观，既取决于企业内各个成员原有的价值观，也取决于他们在企业内部的相互作用。企业成员原有价值观对企业价值观存在两种作用：巩固或损害。企业价值观对企业成员的原有价值观也存在两种作用：强化或弱化。

（二）价值观管理的内容

从跨文化管理视角看，跨国公司对价值观管理存在几个环节：阐明跨国公司自身价值观；按照子公司所在的东道国地方标准释义跨国公司价值观；根据当地环境和实际状况调整跨国公司价值观；形成全球一致的跨国公司价值观。可以简单归结为：全球标准化—地方本土化—全球地方化—回归全球化。

二、在华跨国公司文化价值观建构

（一）在华跨国公司文化价值观影响因素分析

1. 跨国公司子公司文化价值观影响因素分析

赵曙明（2001）认为，在不同文化间进行有效交流与对话，是进行文化整合和实现文化共享的必要途径。多文化背景的跨国公司对应多文化的管理策略。跨国公司境外子公司文化价值观的选择有两种：一种是母公司所在国文化价值观，若以这种价值观为基础，跨国公司内部各子公司之间的文化价值观就会存在更多的相似性；一种是子公司所在国的文化价值观，若以这种价值观为基础，跨国公司内部各子公司之间的文化价值观就会存在更多的差异性。在对母公司所在国文化价值观和子公司所在国的文化价值观影响力的研究中，郑石桥（2012）认为，母公司所在国文化价值观的影响似乎占主导地位。（但这其中似乎又存在一个悖论：跨国公司都在实行"地方化"或"本土化"的管理策略，从人员结构来看，本土化的员工占据了子公司的绝大部分比例，即便在最高管理层，从母公司过来的管理人员也为数很少。）

邹，希尔兹，吴（Chow, Shields, Wu, 1999）选择了中国台湾地区的18家企业进行调查研究，其中，6家日本企业、6家美国企业、6家中国台湾本土企业。日本企业和美国企业均属跨国公司的母公司在中国台湾设立的子公司。通过研究它们的文化价值观，发现存在两种情形：公司趋向员工的偏好，子公司采用与母公司不同的文化价值观；改变员工的偏好，使员工的文化价值观偏好向母公司文化价值观方向发展。斯奥艾特和舒鲁德（Soeters & Scheruder, 1998）以设立在荷兰的3个美国公司子公司和荷兰当地的公司为例进行对比研究，发现当地企业只受荷兰文化的影响，而美国企业受到美国文化和荷兰当地文化两种文化的影响。但至于两种文化的影响谁大谁小却很难区分。施泰德（Der Stede, 2003）对多业务单元的跨国公司进行研究，旨在发现跨国公司在设计业务单元管理控制系统时，受当地文化因素影响的程度。研究发现，跨国公司业务单元之间的管理控制系统呈现较大的相似性，这说明母公司所在国文化价值观所发挥的影响力大于子公司所在国文化价值观所发挥的影响。

2. 跨国公司在华的关系网络分析

欧美在华企业的文化差异具体表现为思维定式、企业经营目标和计划制订、企业管理方法、人事组织管理和沟通交流五个方面。

在华跨国公司存在五个文化主体：本土顾客、本土政府、本土雇员、本土合作伙伴与跨国公司子公司本身。这五个文化主体之间产生了四种相互作用力，即跨国公司与本土顾客之间、跨国公司与本土政府之间、跨国公司与本土雇员之间、跨国公司与本土合作伙伴之间的跨文化作用力。这四种作用力产生两种方向：本土文化对跨国公司母国文化的认同；本土文化对跨国公司母国文化的挑战。在文化交汇过程中，存在"变"与"不变"两种情况，"变"的是表层文化；"不变"的是核心价值观。发生冲突或冲突比较剧烈的部分为较难改变的核心价值观。本土文化对跨国公司母国文化的挑战表现为适应性挑战（对于顾客和政府，只能服从和适应）和迎击性挑战（在一定程度上应对）。

（二）跨国公司文化建构

1. C 文化建构

在全球化的大背景下，当今文化发展的潮流和导向不是单纯的竞争、战胜或替代，而是"竞合"，即在竞争基础上的融合，"不同企业文化中的优质要素在经过一个有机化学反应过程之后形成一个新的企业文化"（马春光，2004）。

"交迭共识（overlapping consensus）"是一个政治学概念，后恩格勒和唐纳森将其应用于企业文化领域，主要指在世界范围内各种不同国家文化之间如何寻求伦理上的某些共同点和一致性。在价值观多元化的时代，如何既肯定价值观多元论，同时又找到一种大家都认可的价值观，"交迭共识"提供了一种解决思路。"交迭共识"理论认为，"没有一种宗教、哲学和道德学说可声称自己的价值和规范在国际生活中是唯一正当的，只有根植于各自文化传统并得到它们支持的最低限度的共识，才具有坚实的基础"。"交迭共识"的关键是找到一种有限的而非无所不包的共同基础。

正如大内提出的 Z 理论一样，Z 模式无疑是 A（America，美国）模式和 J（Japan，日本）模式的融合。耶恩（2001）在对中美合资企业的跨文化冲突进行研究时，基于双方应对文化冲突的不同途径，提出了跨文化冲突的解决方案，即营造"第三种文化"。传统的做法是将母公司文化融入东道国文化，或者对本土人员进行培训来适应母公司文化，第三种文化则是在两种文化完全参与和充分交流的基础上，寻找一种供双方交流、管理的"混合模式"，它既区别于 A 文化和 B 文化，又与它们存在一定的联系，我们将之称为"C 文化"。"C 文化"的基础是"差异性和共性"。若双方之间没有差异，不需要建立一种新文化；但若没有双方的"共性"，新文化不可能建立起来。跨越合作管理界沟的"第三种文化"需要双方在共同可以接受的文化基础上，互相尊重，进行深层次的交流。两种文化之间的关系不是一方对另一方的支配关系，双方在融合的基础上发展创新。"C 文化"是 A 文化和 B 文化之间的一种妥协，但更多的是两种文化在互相理解、谅解基础之上的和谐、有效运作。"C 文化"产生的可能性在于文化具有"融合性"特征。文化模式之间可以相互吸取某些特质因素，形成不同文化模式之间的交叉。文化的融合就是不同形态的文化特质之间相互结合、渗透和吸收，互为表里、融为一体的过程。文化融合的前提是发现每一种文化背后的根本假设，寻求文化之间的共性，亦即不同文化的交叠之处，提出不同文化均能接受的解决方案。"C 文化"的产生和存在以及所能发挥的作用往往处于理想或假设状态之下，因为一种新文化的产生存在具体的路径。范徵（2004）提出了"C 文化"产生的四种路径：①全球地方化战略（核心因素标准化，其他因素地方化。在全球化与地方化之间寻求平衡点，创造出一种母公司和东道国都能接受的文化）；②HCHC（high context，high content，高情境，高内容）的文化；③对子公司利益负责（子公司企业文化是母公司企业文化与东道国地方文化的边际地带，子公司必须摆脱双方原有文化相互交叉、影响所产生的负面结果，形成核心技能，为子公司本身负责）；④组织的矩阵体系（全球性配置与地区性需求实现信息的快速分享与对外界的灵活反应）。当跨国公司文化与境外下属机构（包括境外子公司）文化处于全球和地方的平衡状态时，便会形成文化的最佳整合，有利于跨文化多样性取长补短优势的发挥。

LG 的一位高管在谈到 LG 在中国的发展时说，不要把 LG 看成是韩国文化，也不要把 LG 看成是中国文化，它就是 LG 文化。LG 在中国的发展目标就是要使它成为中国人热爱的中国 LG。将母公司的成功模式完全移植过来未必还是成功模式，也有可能根本不适合中国文化土壤。张广宁（2011）也曾提出"第三方文化"的概念，认为在经过"通过简讯或者会议寻找'差异焦点'（"差异焦点"指在文化整合中引发障碍的关键点，可能是制度、利益群体或者个人）""通过规章制度监控障碍焦点""通过深度访谈寻求共同愿景""通过整合同化建立共同文化"四个步骤后建立"第三方"文化。

2. 子公司的企业文化建设

跨国公司子公司的企业文化涉及很多因素，其中包括明确的目标、宗旨和战略、组织结构、管理、职责和机制、员工与企业的关系、上下级隶属关系、资源的支配权、期望值以及有效的沟通机制，其内涵因素主要指管理者和员工的文化倾向。琼潘纳斯建立了企业文化模型，如图 5 – 1 所示。

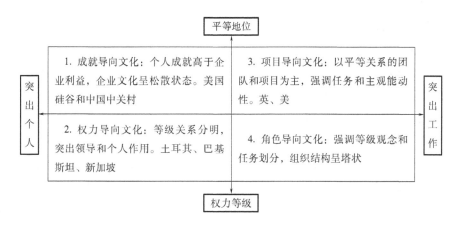

图 5 – 1　企业文化模型

3. 核心技能建设

苟伶（Kiling，1983）认为，成功地进行跨文化管理的关键要素之一是核心技能，即组建一个"高效率、有凝聚力的领导班子"，而这个班子的基础是"文化上的相近性"。在跨国公司中，来自不同国家、民族和地区的员工具有不同的价值观和行为规范，这些差异对于跨国公司来说极为重要。因为一般来讲，跨国公司母公司所在国与子公司所在国之间，母、子公司之间，跨国公司内部不同国家管理人员之间的文化差距越大，管理便会越困难。根据范徵（2004）的研究，在华的合资企业中外商及相应管理文化中，20% 的企业隶属于西方管理文化，10% 来自日本式管理文化，70% 来自港澳台及东南亚华人管理文化。而在几种管理文化中，西方管理人员与中方管理人员的管理文化差距较大，日本管理人员与中方管理人员的文化差距为中等，海外华人与中方管理人员的文化差距较小。但也有研究发现，合资企业管理人员之间的文化差距带来的困难并非与文化差距的大小呈正相关关系。李昭熙（1990）研究指出，就合作关系和合作态度来讲，中日合作企业好于中美合作企业，而中美合作企业又好于内地—香港合资企业。范徵（2004）将跨文化的核心能力归结为四个方面：①协同客户，树立"共同经营理念"，共同创造企业价值；②针对竞争者，寻求"全球化"与"本土化"之间的平衡，实现组织和社会资本的有效整合；③通过"跨文化培训"等自学习机制，培养跨文化核心员工的自学习能力；④通过平行/包含/交叉三种跨文化机制和结构性知识平台，实现范围经济和客户资本延展。

4. 跨文化能力建构

范徵（2004）认为，跨国公司的跨文化能力包括"内部共享与学习能力""外部适应能力""关系与联盟能力""平衡与协调能力"。内部共享与学习能力是指跨国公司对战略性差异的把握。共享可以实现规模效应，降低生产成本，减少交易成本。共享能力分为两种：一种是企业不同部门间对同种资源的有效利用能力，体现为企业内部的合作能力；另一种是某部门的资源被其他部门有效利用的能力，体现为学习能力。外部适应能力是指对适应性程度的把握，包含改革能力和引进能力。跨国公司的资本来源于跨国公司自身及其子公司，这些资本的经营环境和文化背景与某个指定的子公司之间存在很大的差别，若想这些资本被有效利用，必然要对其进行适当改变以适应新环境，这便需要跨国公司具有改革能力；而对于在东道国本地获取的资本，要求跨国公司具有相应的引进能力。关系与联盟能力是指跨国公司子公司与东道国政府、企业、组织机构、公众等利益相关者建立和维持友善关系的能力，亦即对与其他部门合作形成的"第三种文化"的把握。平衡与协调能力是一种整体把控能力，对跨国公司而言，是实现资源在部门间最优配置的协调能力；对于其子公司而言，表现为寻求全球化战略和地方化战略间的平衡点。

5. 跨国公司跨文化沟通能力建构

唐炎钊（2012）认为，不同文化之间的整合是一个动态的过程，要经历认识民族差异、宽容和尊重差异、调和差异和民族文化的求同存异四个阶段。最容易引发民族文化冲突的不是发挥核心作用的民族文化假设，而是语言、法律制度和社会规则、风俗礼仪、沟通方式等文化的外显部分。"价值多元论内涵的核心是冲突性，在一定历史条件下难以消除"，"对话、宽容和理解将成为多元价值观发展的主流方向"。"对话"的内涵即沟通。马春光（2004）将跨国公司母、子公司之间的沟通归结为几个方面：企业内部沟通（受文化差异影响较大）、口头沟通（间接与直接、详细和简约、场合与个性、沟通的理解）、沟通渠道（自上而下、自下而上）、沟通障碍（语言障碍、文化障碍、认识障碍、文化影响、非语言沟通）、沟通效果（反馈机制、语言培训、文化培训）。费尔南德斯和安德伍德认为，在华跨国公司在和总部进行沟通时面临以下障碍：地理距离、信息距离和文化距离。母公司与子公司具有不同的愿景，总部对子公司的业务设立与实际状况不符的目标。下面对跨国公司进行跨文化沟通中的语言障碍进行分析。

（1）话语背景。中西方进行交际与交流，话语本身所携带的信息自然重要，但有些话语本身并无信息，其身外的信息才是真正发挥作用的东西。德国人一向思维缜密，刻板认真。但在面对中方领导时，德国在华跨国公司的德方管理人员也不得不加上一些本无意义但又意义重大、本来不是这样但又必须这样说的话。例如，在中德合资企业庆功大会上，德方领导也不得不学会使用中国式开场白："在局领导的亲切关怀下，在厂领导的正确指导下，在全厂有关部门的大力支持下，取得了……成功。"其实，局领导可能未必真正关心过，厂领导也未必指导过，其他们部门也未必支持过，但照顾本土文化，逻辑严谨、一丝不苟的德国人也不得不将这些假话、没有意义的话堂而皇之大说特说。

（2）语言沟通。语言是人类沟通与交流、进行信息传递的工具，属于民族文化表层内容，带有深深的民族烙印，语言的差异是造成文化内容有差别的原因之一。特别是不同文化之间发生关系时，相同的语言将促进双方关系进展，而不同的语言可能阻碍双方的合作。

在中国、日本、俄罗斯、韩国四国联合举行的海上搜救演习中，因语言各不相同，其工作语言只能是英语。因为在该项任务中，信息沟通极为重要，一旦信息传递不准确、不完全或者错误，将可能导致整个演习失败。实现全球化背景下人力资源配置的基础性条件是搭建共同的语言平台。语言作为沟通工具，具有一定经济价值，可以减少信息交流、谈判和签约以及监督和管理三种活动的交易费用。语言本身并无高低贵贱之分，但语言所具有的经济性使得语言的经济价值具有高低之分。英语成为全球性语言，便是其经济价值的体现。英语的发展与全球经济的发展具有紧密的相关性，英语最初的发展起源于英语殖民政治与殖民经济的发展，英语无疑在推动经济全球化中起到了积极的作用。语言具有典型的"网络外部性"特征，其广泛推广使用将作用于经济，而经济的发展又会成为推动语言发展或扩张的动力。印度的软件、客服行业发展迅猛，而中国的服务外包业务发展却步履维艰，这与英语作为民族的主要交流工具不无关系。但布朗认为，目前国际上通用的"英语"并不是完全一致的标准化模版语言，它因各自的习惯、格式和当地文化的价值观而呈现多种类型。英语的文化包含多种成分，这些成分各有其价值观和习俗，也不是完全统一的。母语或者官方语言并非英语的民族，有自己独特的文化、价值观、传统、情感，它们将这些东西融入自己的英语表达中，都应该视为同样有道理、有价值。这是英语本土化发展的理论基础。目前存在的英国英语、美国英语、印度英语、新加坡英语，甚至俄罗斯英语、日本英语便是英语本土化的佐证。随着中国经济在世界上发挥越来越大的作用，中国英语也将逐步得到世界的承认。而英语作为国际语言在全球化与本土化之间的发展取向，将是语言研究界的一个命题。

语言至少有两种形态：有声语言和无声语言（身体语言）。在人与人的交际中，无声语言的作用也不可小视。心理学教授默雷比安认为，"一个人的无声语言远比交谈更含蓄和更富有感情色彩"。费城通讯系伯特威斯特尔教授认为，"只有不到三分之一的信息往来是通过有声语言传递的"。《后汉书窦融传》记载了"方蜀汉相改，权在将军，举足左右，便有轻重"，"举足轻重"即指身体的任何举动都可能会影响全局。此外，从"察言观色""眉飞色舞""趾高气扬""垂头丧气"等词汇中不难看出中国文化对无声语言的重视程度。

（3）交际距离。无声语言因文化不同而呈现不同的具体内容，谈话者间的距离对此便有所体现。在美国和大多数北欧国家，一般场合下交谈者之间的距离应保持在 0.46 ~ 0.91 米，亲密朋友之间可拉近为 0.15 ~ 0.46 米；拉丁美洲人之间的平均距离是 0.15 ~ 0.46 米，而这个标准对于非拉丁美洲血统的美国人来说则是过于亲切了。在拉丁美洲，人们见面要相互触摸、接吻和热烈拥抱，而在中国和日本，交流距离比美国人和拉丁人都远，大约 0.5 ~ 1 米。日本人见面时相互鞠躬，而中国人则握手或点头。在中国文化中，谈话者之间的距离和位置还要考虑到性别因素。

三、跨国公司价值观建构

对跨国公司的管理是以管理客体来源于诸多不同的文化背景为前提的。多元文化的核心差异体现在价值观念、行为准则的差别上。因此，跨文化管理的要务在于以跨国公司的发展为目标，通过树立共同的价值观，促进组织内亚文化间的沟通与理解，以实现观念层面的共通，从而促进组织的发展。

（一）三种基本价值观建构

1. 国家价值观

坚持中国国家主流价值观。社会主义价值观所具有的无可比拟的先进性，因受到中国目前仍然处于生产力较低的社会主义初级阶段和社会主义国家数量少且多为不发达国家的这些现实因素的制约，而不能得到充分发挥。相比西方国家资本主义价值观，社会主义主流价值观处于从属地位，在一定程度上，将对跨国公司的价值观做出让步。但随着中国综合国力的加强、中国跨国公司的快速发展、中国文化输出政策的实施，中国政府在国际事务中发挥越来越重要的主体作用，这使得中国在国际政治、经济和文化规则的制定上把握了主动权，成为规则的制定者或主要参与者。在这个过程中，中国主流价值观、中国跨国公司价值观已经开始在全球渗透并被国际社会所接受。中国主流价值观已经成为经济全球化中主流价值观的组成部分和重要来源。坚持我国自己的主流价值观即把握了遵从国际主流价值观的大方向，树立这种民族自信也应该成为我国主流价值观的一部分。

2. 跨国公司普适价值观

理论上的合理性。普适价值观存在的理论基础是文化趋同性。周有光（2000）提出，世界正在形成一种同一的全球文化，叫"现代文化"，它是全世界人民"共创、共有、共享"的文化，它不属于某一个人、某一个国家。关于组织的趋同性，希克森和皮尤（Hickson & Pugh，2001）提出三个要素观点：各种文化体之间的社会特征的共性大于个性；世界上最发达的和最富裕的国家均采用市场经济体制；世界各地管理活动都遵循诸如效率、增长和技术进步的发展目标。

习近平在比利时布鲁日欧洲学院发表演讲时谈到了文化的共融性与互通性，"正如中国人喜欢茶而比利时人喜爱啤酒一样，茶的含蓄内敛和酒的热烈奔放代表了品味生命、解读世界的两种不同方式。但是，茶和酒并不是不可兼容的，既可以酒逢知己千杯少，也可以品茶品味品人生"。不同文明和文化之间存在的差异，未必一定成为互相冲突和相互敌视的理由，也可以成为彼此借鉴、互相补充的机缘。"包容"是实现不同文化之间平等对话和交流的基础。春秋战国时期的"百家争鸣"代表中国文化的繁荣发展，而自"罢黜百家，独尊儒术"之后，中国人的思想和思维被禁锢，开始变得狭隘。不同文化之间并非总是处于"水火不相容"的状态，即便差异再大的文化之间，也会找到某些共享的价值理念。

李好好、孔令锋在对惠普公司在中国的发展进行研究分析后指出，成功进行跨文化人力资源管理的关键是处理好"跨国公司企业价值观与东道国文化的关系"，而处理好这一关系的核心要素是跨国公司要具有"人性化管理"的企业价值观。只有以"尊重人、理解人、关心人"为企业文化"基因"的普适价值观，才是解决多元文化价值观冲突的"根本解"。林新奇（2004）认为，东西方的哲学基础和文化尽管存在很大差别，但仍然存在四种可以共享的价值观，即"好的公民、对人的尊严的尊重、对基本权利的尊重和对财产的尊重"。马春光（2004）认为，世界上的语言千差万别，但人类的心灵情感是相同的；不同民族间的文化各不相同，但其合理内核却是一样的。

普适价值观的实现需要普适的语言、普适的媒介、传播系统来完成。海尔公司进行普适价值观传播时认为，"漫画"是一种不受民族和种族文化限制的世界性语言，其利用"漫画"这一符号语言进行了海尔价值观的传递，其价值观得到了很好的诠释。

一般以"普世价值观"作为跨国公司的核心价值观，但其却不具备实质性的内容，或者说本身就是一个矛盾体。"忠诚"毫无疑问，是众多公司的核心价值观。但就跨国公司而言，其中却存在很多悖论：忠诚于"谁"？自己这个个体，还是跨国公司这个组织，还是国家？即便再明确一些，忠诚于跨国公司，那么是忠诚于跨国公司"母公司"还是"子公司"？

目前看到的适合一般人的价值观，被称为"pushi 价值观"，因为存在"普世价值观"与"普适价值观"两种不同的书写。是否存在两个不同的概念或者两种不同的理解？白彤东（2014）认为，目前存在东、西两种不同的"pushi 价值观"，即东方的儒教价值观与西方的自由、民主价值观。但东、西两种不同的价值观存在很大的差异，至于哪种才是真正的"pushi"，可能取决于以经济为基础的综合国力。

跨国公司内部多重差异性价值观的共存必然会导致价值观冲突。被理论界推崇的解决价值观冲突的策略是建立普世的价值观，也就是全球共享的价值观，如人权、民主、平等。但目前的普世价值观的本质仍然是以西方国家价值观为主体或者主导的价值观，"橘生淮南则为橘，橘生淮北则为枳"，这种在西方土壤中培育出来的植物，是否适合中国的土壤和环境，我们要保持谨慎和观察的态度。

3. 跨国公司个体价值观

（1）"移民价值观"。在跨国公司价值观范畴内，有一种是"移民社会个体或群体价值观"，即在异国工作的个体或群体的价值观。对于这种价值观的形成，吉登斯从自我认同理论视角进行了研究，他认为，在全球化的过程中，"个体或群体与其他个体或群体的互动不仅频繁，而且是多层面的。在互动中，个体和群体的特质面临着变动、迷乱、离解，甚至是消失"。斯特里克（Stryker）认为，人员的国际性流动不仅仅是时空的变化，同时也是"文化置换"的过程。一方面，他们追求异国的主流文化，努力成为其一员；但另一方面，他们又处在该社会"现代话语系统的外围"。"其原有的、已内化的文化与主流文化频繁地碰撞，使其对自身的价值观认同更容易产生焦虑感和危机感。"

（2）"边际人"价值观。不同民族、地区、不同文化背景者将在价值观念、行为方式、生活态度等方面产生冲突，在冲突中形成的人格便称为"边缘人"，又称为"共时态边际人"，在跨文化组织中，大多数人格类型可称为共时态边际人。边际人概念是文化转型和多元文化冲突下的产物。"边际人"人格特质表现在三个方面：文化观念、知识建构及能力结构。

黄进（2010）认为，价值观多元化及其冲突是社会意识现象。跨文化管理的核心是实现价值观的管理。

（二）价值观协调机制建构

1. 坚持不同价值观之间的协调与互动

在以经济为主导的全球化时代，闭关锁国、与世隔绝的思想和行为已经完全与时代脱节，上至国家，下至个人，方方面面都会受到来自他国他人的影响。但现实状况是，这些相互作用、相互影响的价值观之间因国家实力的不同而具有不平等地位，在强势与弱势、主导和被主导、压迫和反抗之间必将产生冲突和斗争。在经济、环境这些社会因素和自然因素已经将人类紧紧联系在一起的时代，通过协商和共建形成和平共处局面才是时代的主题。目前世界的政治和经济秩序是由西方发达国家确立和主导的，但其他国家也并非完全放弃自己的价值理念遵从这个框架和模式，他们的参与将导致多元化价值的出现和多元化价值体系的形成。在军事、经济等力量相互震慑的情况下，一权独霸的状况很难实现，相互依赖和有条件互动的多维关系将成为主流，协调与互动是实现这种关系的重要形式和途径。在中国同跨国公司的关系处理上，张劲松（2008）建议："我国政府必须用'看得见的手'对跨国公司进行调控……在同跨国公司价值观发生冲突时，我们不能放弃国家利益、民众利益，但这并不意味着排斥市场力量，而是通过协调与互动的方式加强与跨国公司的合作。"

2. 把握不同层次价值观之间的融入与共存

国家价值观、组织价值观、员工个体价值观并不是完全的线性关系，也不是完全的从属关系。国家价值观不能决定和控制组织价值观和员工个体价值观，所有的个体价值观的累加也不能简单地构成组织价值观与国家价值观，其中存在一个交集的问题。它们之间相互影响，动态发展。

国家一元价值观、员工个体多元价值观不在一个层面上，国家价值观具有唯一性，员工价值观具有多样性，但国家价值观和员工价值观之间的关系不是简单的包括与被包括、统领与被统领的关系。国家价值观处于核心地位，但不是独占和垄断地位，国家价值观具有辐射和导向作用，对个人价值观发挥主导功能，决定着个体价值观多元化的方向和尺度。

国家层面的总体价值观对社会整体生活有重要影响。王彦斌、赵晓荣（2011）认为，个人一般价值观的积极倾向提升和组织价值观的积极设定以及组织文化的全面建设，可有助于组织的价值观契合，而这都与社会层面的总体价值观建设有着密切的联系。人都是社会人，人在进入组织之后便具有双重身份：社会人和组织人。社会人身上所携带和具有的国家价值观属性必然会影响到其所在组织，当然，国家价值观本身也能从宏观层面对中观层面的企业组织产生影响。正如国家文化是主文化、组织文化是亚文化一样，组织价值观是国家价值观的亚成分。正确的组织价值观不能脱离所在国家的社会大环境，要符合当地的社会结构与社会意识、文化传统、思维方式等。向上的国家价值观会催生积极进取的个体价值观，员工个体又将这种正能量在企业组织内传播，保证组织价值观的正确导向。这种传递将形成一种良性循环，提升个人品质，提高组织绩效，促进社会和谐。

（三）组织—员工价值观匹配的人力资源管理体系建构

优厚的物质待遇在一定程度上有助于招募到员工，但把员工留住的主要因素是企业文化。构建一种与企业战略相匹配的企业文化的关键是形成一个员工共享的统一价值观，即组织价值观。

1. 招聘

（1）招聘的界定。林新奇（2001）认为，招聘是指通过各种渠道和方式，将具有合适的知识、能力、素质以及其他特性的申请人吸引到企业空缺岗位上的过程。一般招聘需要注意一些程序：人员来源及招聘渠道（最终进入公司的员工取决于招聘渠道的宽泛程度、申请人的意愿、企业的预想之间的交集）、招聘地域的选择（基于人才分布范围、劳动力供求状况，高层管理人员和专家实施招聘的范围应最广——全国或全球；专业技术人员范围适中，地区或跨地区；一般工作人员则采取就近招聘的本土化政策）以及招聘中采用的公关策略（招聘人员培训、依靠媒介、宣传介绍、真诚与平等、观摩与实习）。

（2）招聘的原则与方法。招聘什么样的员工取决于企业的经营目标和工作性质定位。对于一般的常规性工作岗位，要重视员工文化背景的相似性和同一性，这样便于管理，提高决策的执行力；对于非常规的创新性工作，则要关注多样性的文化背景，不同思维方式和关注视角的碰撞将激发全新的设想。跨国员工的招聘一般存在四种方法：民族中心法（公司关键岗位均由母公司人员担任）、多中心法（公司总部岗位由母公司所在地人员担任，子公司岗位则由本土人员担任）、地区中心法（经营按照地区进行功能合理化组合，人员在地区间流动）和全球中心法（忽略国别，在全球范围内选择最佳人选）。

刘轩、章建石、石晓勇（2005）等认为，企业在人才招聘中注重引入现代先进的测量工具和评价方法，关注应聘者的工作经验和工作能力，忽视对应聘者价值观的考察和了解，最终招聘到的员工可能能力很强，但员工个人行为却与组织价值观和组织目标相左，最终导致离职。员工在进入组织之前，其个人价值观已经基本形成并处于稳固状态。尽管在某种条件下可以发生改变，但其改变过程极其缓慢。这就要求企业在进行招聘时确立"以价值观为基础的雇佣"思想，通过招聘环节吸纳个人价值观与组织价值观相匹配的员工。但在招聘环节，存在一种假设：双方都提供真实、准确、完整的信息，也就是双方信息应该是对称的。但这个假设在现实招聘中往往是不成立的。这其中便存在一种博弈。招聘人员，也就是组织的代表，是否能对组织价值观进行清晰、准确而完整的释义，是应聘者与组织价值观能否匹配的一个因素。因为招聘者本身的个人价值观不可能与组织价值观完全一致，所以，他就不可能是组织的完全代表。

丰田公司进行员工招聘的条件要求之一是"员工的综合素质与公司的企业文化"相一致，将"企业要求、员工价值观和技能三者结合"；英特尔招聘的首要原则是"企业文化认同"，要想成为英特尔的一名员工，首先要接受并认同"自律、质量、创新、工作开心和着重结果"这一英特尔的企业文化和价值观（林新奇，2004）。跨国公司的雇员往往来自不同文化背景，他们拥有与本国文化背景相适应的不同价值观，但鉴于跨国公司往往有统一的行为准则和规则，不同文化之间的价值观便会产生冲突，对企业经营管理、目标设定、市场选择、开发创新等问题都会产生影响。

施耐德（Schneider，1995）等认为，员工对组织价值观的高度认同会降低人员的流动性，同时会使得企业员工更加同质化。而员工的过度同质化将导致态度、决定和行为方面的趋同和一致，从而降低或抹杀企业的创新能力，最终导致组织绩效下降。这种状况在企业高层领导方面表现更为突出。根据这种说法，刘轩、章建石、石晓勇（2005）提出，企业组织在进行人员招聘时应该区别对待。在招聘中基层员工时，应尽量保持员工的同质性，选择那些个人价值观与组织价值观匹配程度高的应聘者，以保证组织整体的一致性；而在选择企业的高层领导时，则应保持领导集体的异质性，选择个人价值观与组织价值观匹配度较低的人员，从而保持组织的创造力。那么将会产生这样的问题：这个度如何把握？在领导层，匹配度较低是否存在标准？组织价值观是一个既定因素，领导层的异质性意味着领导层价值观不统一或冲突，这样的组织架构将是非常不稳固的。这将呈现这样一幅图景：最高层是组织价值观，中间层是领导层价值观，底层是员工个体价值观或基层价值观。基层价值观或个体价值观与高层组织价值观是一致的，而中间的领导层价值观与高层组织价值观是不一致的，也就意味着中间的领导层价值观与基层价值观或个体员工价值观是不一致的。另外，中间部分的领导层价值观具有很强的辐射作用，对下具有一定的强制作用，所谓"上梁不正下梁歪"；对上具有很强的同化作用，因为组织价值观是一个空虚的上层建筑，它必须通过领导的具体决策和员工的实际行为体现出来。但异质的领导团队有助于创新力的开发和培养，却很难达成决策的有效统一，不能对员工实际行为进行清晰、准确的指导。在组织的整个价值观架构中，领导层的异质性将导致中间断层的发生。当然，以上可能是一种极端的假设，但若将领导层的价值观异质性保持在适度的范围内，"度"的把握将是实际操作中的一个难题。"异"是绝对的，是一种客观必然；"同"也是绝对的，也是一种客观必然。世间的任何事物之间既不存在完全的"异"，也不存在彻底的"同"。其实，无论在任何层面，"求同存异"都将是一个指导性策略。

2. 培育

范徵（2004）提出了跨文化适应的"动态平衡模型（homostasis）"，该模型包括行为的适用度（与所处环境中其他人习惯行为的匹配度，需要实践和经验来保证）、精神参考框架的明确度（由以往经验积累而形成的价值观、思维方式、意见和态度等，若对其调节需要科学的认知）和最低正确度（测定对行为适用度和精神参考框架明确度满足程度的最低标准，反映一个人的心理素质和情感意识）。研究表明，当人处在异文化环境中时，往往以原有的文化为中心，从过去的经验中寻求对行为进行解释的参照，而不会去改变自己的判断标准。但随着对异文化了解的加深，价值观、思维方式、意见和态度逐渐向异文化靠拢，参考框架开始发生改变，可以从不同的角度审视自己的行为。依据动态平衡模型，跨文化适应的表征因子可以分为灵活的情感弹性（亦即满意度弹性，包括容忍力和意志力）、明确的精神认知（包括敏感性和认知理性）和有效的行为技能（交往能力、应变能力和学习能力）。以上个体素质的实现需要进行知识认知类（文化是什么）和经验技能类（如何做才能实现）培训。

为了强化员工适应组织价值观，在员工进入组织后进行高强度的"洗脑"般的组织文化和价值观训练。通过魔鬼训练或"入模"训练，使员工达到休克状态，以期获得基于组织价值观的新生。该种培训以期打破"价值观不易改变"的神话。了解不同时代的群体，针对他们进行不同的价值观培训。如"80后"，思想独立，个性彰显；但又依赖性强。他们不受传统观念束缚，不受别人干预；消费感性，自控力差。根据这种情况，可强调一下价值观，如培养责任意识，进行入职教育，宣讲团队精神，开展范例引导等。通过培训，使员工了解组织本身的目标、实现目标的方式、规章制度和行为规范，全面把握企业文化，并从企业文化的表面现象挖掘出组织价值观；评价了解组织成员个性特征、品质、精神状态、价值取向，并从这些因素中归纳总结出个人价值观，研究分析员工组织内的各种文化传统以及个人行为和组织利益之间的关系。

在跨国公司的员工构成中，员工的来源广泛，背景也较为复杂，使得完全或比较符合组织价值观的人才较少。只有通过企业文化建设，才能解决价值观不一致的问题。跨国公司的主要特征是国际化的环境，国际化的融资、生产、经营，特别是国际化的人才战略，导致组织群体价值观差异性日益扩大。正如"魔高一尺，道高一丈"，要想将这种差异性所可能引发的负效应控制住，就需要一种更加宏大、包容性更强的组织价值观。个性的差异和价值观的复杂与多元是知识经济和信息时代的主要特征，但个性的差异不能掩盖和抹杀人性中的共有成分，透过纷纭复杂的表征现象去抽丝人性中的共性，是"求同存异"的基础。通过发掘人性中的共性，并对其进行有效的提炼，形成价值观多元化存在的基础和发展源泉，进而扩大企业组织价值观的承载力。这种组织价值观的"磁场力"的强度随着不断吸收新的同质性价值观而增强，使员工个体在以组织价值观为依附"内核"的"磁场"内展示自己的差异性特色。此时的差异性作为个体的附属成分（其主体成分为已经内化的组织价值观部分），对组织这个整体进行多样性补充，使得组织呈现出绚烂多彩的格局。个体之间、组织部门之间的异质性不仅是一种客观必然，也是一种主观要求。"条条大路通罗马"，达到组织的绩效目标便是最终的目的地"罗马"，不同的个体和组织部门可以采用不同的路径、方法、形式。为了实现"提高客户满意度"这一绩效目标，研发部门注重提高产品的质量，公关部门注重产品的整体性能介绍，销售部门注重售后服务，职能部门注重提高内部的服务质量。尽管大家建设的内容不一，行为不同，形式各异，但"提高客户满意度"这一内核是共享的。

组织价值观必须被社会所容纳，同时被员工所认可。这就要求找准两个点，组织价值观与社会价值观的对接点。首先，组织价值观要吸收并融进社会价值观的内容，这样才能具有被社会成员接受的普遍性；其次，要吸收组织精英员工的价值观，这样才能形成组织价值观的核心内容；最后，还要关注、融合和吸收普通员工的价值观，这样才能增加组织价值观的活力，使其具有发展的动力。这就需要组织建构包容的组织文化，具有明确的发展目标，将形而上的组织价值观落地，具体落实到和组织利益相关的规章制度和行为举措，贯穿到对员工个体的选、育、用、留等各个环节。

3. 建立以"信任"为中介变量的员工价值观，与跨国公司价值观契合

"信任"是中国传统文化"忠、义、礼、智、信"的核心内容之一，是中国文化价值观的精髓；"诚信"是西方重要的文化价值观念。叶尚平通过对中国、美国各25家企业核心价值观进行统计分析后发现，排在前6位的是"诚信、创新、以人为本、客户导向、团队精神、社会责任"核心价值观要素。

研究发现，被派往海外的美国雇员中，有16%～40%的人提早回国，30%～50%从事海外工作的员工被认为是低效或者无效的，造成这种状况的原因之一便是"文化适应"问题。而在跨国公司的中方员工却经常出现跳槽的现象，其原因不外乎物质待遇和文化适应性两个方面。但另一方面，跨国公司并没有因为中方员工的离职而感到不适，其发展仍然处于上升之势，这种现象存在两种可能性解释：一是跨国公司内部文化的不适和冲突与跨国公司的发展之间的相关性不大；一是跨国公司已经破解了文化差异的困惑，克服了文化不适应所产生的不利影响。但根据管理界专家学者的研究成果，第一种可能性是不成立的。德鲁克认为，每种文化都具有自己独特的"价值观、信仰、语言和工具"，"企业文化比任何先进的管理制度、严格的规章制度和高利润指标都重要"。对于第二种可能性，"文化适应"是指员工对于跨国公司管理制度与文化环境的接受程度。王春光、方文（2001）认为，中国传统文化价值观的核心内容之一是"赏识和信任"，所谓"士为知己者死"，精神层面的信任是提高员工，特别是中方员工对跨国公司忠诚度、保证公司协调与稳定的重要因素。但信任关系能否建立与跨国公司所采取的文化价值取向相关，因为"信任"在不同的文化环境中具有不同的内涵。为了达到基于"信任"标准和内涵的一致与融合，王春光、方文（2001）提出了三个信任关系层次的文化适应问题：价值取向与受雇理由的评价；处境评价与对外方员工的评价；中外方员工之间的互动。

在华跨国公司内部文化适应的关键在于员工对自己在公司发展机会和收入的主观看法，而这种主观看法与是否得到公司的信任和重用的感觉紧密相关。就发展机会来讲，中方员工认为没有从跨国公司中得到公平的发展机会的主要原因在于"对中方人员持有的先入为主的偏见与歧视"，而这种"偏见与歧视"在本质上就是信任问题。但也有一种观点认为，在华跨国公司中中方员工获得提升的速度或层次比不上外方员工也很正常，并不是什么"公平不公平、信任不信任"的问题，因为跨国公司毕竟是人家的公司，自己仅是他人的雇员而已。持有这种想法的员工仍然存在一个"信任"的问题，之所以将自己与跨国公司撇开，是因为并没有将公司纳入自己的信任范畴。在待遇方面，中方员工进行着两种对比，一是与本土企业或本土其他单位同层次或同级别员工的收入进行外部性对比，一是与公司内的同层次或同级别外方员工进行内部性对比。通过前者的对比，获得心理的满足，毕竟跨国公司的待遇一般较高。通过后者的对比，一般产生两种心态：一种是因外方员工的待遇高于自己而产生不公平或被歧视的心态；一种认为外方员工的待遇就应该高于自己，完全正常。产生这两种心态的原因之一是中方员工对外方员工的态度和认识，而这种态度和认识又决定了跨国公司内部文化适应和价值观和谐的问题。信任是取得正向心态的有效要素之一，信任决定着中外员工互动关系的频率、深度和顺畅状况。能说明这种状况的外在表征除了实际工作中的表现外，工作之余的交往状况也是一个重要的衡量指标。跨国公司中中外员工交往的状况到底怎样呢？跨国公司本身就是国际社会的一个缩影，在全球化、民族融合程度较高的今天，不同文化背景的群体之间是否能实现有效的融合呢？答案并不乐观。例如，世界各地的唐人街主要是华人的居住区，当地真正的本土人很少进驻这个区域，而居住在这里的华人也很少走出这个区域。换句话说，在异国他乡的华人很难融入当地的主流社会，而居住在中国的外国人同样面临这样的问题。又如，北京的望京地区是韩国人的居住区，无论是餐厅还是商铺，都充满韩国特色。周末聚拢在北京第八十中学（坐落于望京地区）操场一起踢球的人也是清一色的韩国人，没有一个中国人。再如，在华留学的外国学生，虽然他们也被安排在中国学生和教师的课堂一起学习，但仍然很难融入班集体生活。这说明实现不同文化的融合、实现不同文化背景的群体间的融合具有一定的难度。

梅尔（Mayer，1995）认为，员工多元化使人际类同性、相似的经历和背景而产生的吸引力和共同工作的愿望丧失。在这种境况下，人际信任便为人际合作与共事提供了一种更为有效的机制。奇利斯和麦克麦肯（Chiles & McMackin，1996）认为，信任可以"减少有限理性、专用资产投资和机会主义带来的负面效应，降低交易成本。"费尔南德斯和安德伍德认为，信任是中国人群中最重要的价值，失去信任将失去一切。

四、策略建构

（一）一般管理策略

跨国公司必须明晰不同民族（国家）文化差异的客观存在，不同民族文化的员工要重视对其他民族文化的认知和了解，以便增进跨文化的融合。跨国公司要辩证地对待民族文化差异对管理政策的影响，关注其不利之处，同时也要发现其有利之处，充分利用差异之处发现创新点。企业的管理，最终将落实到对人的管理，对人的思想、价值观、行为的管理。

施奈德和巴尔索克斯（2002）考察了一个组织或团体在处理文化差异时可选择的三种基本组织战略：忽略、最小化和利用。忽略文化差异战略建立在文化趋同理论之上，它忽略不同文化之间的差异以及差异带来的影响，秉持"跨国公司母公司制定的政策和惯例能够迅速贯彻到世界各地的子公司里去，子公司通常按照母公司的命令不折不扣地执行"的理念。该种策略可以使跨国公司多年以来形成的公司文化和价值观在全球共享，有利于实现统一、规范化、标准化的管理。但不同国家和民族之间的文化存在差异是一个客观事实，在统一和标准化的政策推行与运营过程中，跨国公司将会付出成本。文化差异最小化处理战略存在两种实施模式：一种模式是通过将各种文化均匀化，达到一种平衡，进而产生一致性；另一种模式是封闭隔绝各种文化，尽量减少不同文化间的接触与作用，减少潜在矛盾的发生。运用文化互补战略旨在发掘不同文化的优劣之处，取长补短，形成 $1+1+1>3$ 的协同效应。

对于统一组织内部的不同文化价值观，存在几种管理策略：①互存战略，包括主导文化价值观（强势文化价值观）与非主导文化价值观（弱势文化价值观）之间的互补和隐去两种文化价值观中最不和谐的部分；②创新战略，主导文化价值观与非主导文化价值观发生化学反应进行有机融合，产生一种既包含主导文化价值观，又包含非主导文化价值观，既适应主导文化价值观，又适应非主导文化价值观，但既不是以前的主导文化价值观，又不是以前的非主导文化价值观的一种新型的文化价值观；③同化战略，主导文化价值观将其核心内容通过某种方式渐进地渗透到非主导文化价值观中，使非主导文化价值观群体慢慢接受并内化。

陶日贵（2003）提出解决组织跨文化冲突的三种方案：凌越（beyond）、折中（compromise）和融合（synergy）。

（二）本土化策略

王春光、方文（2001）对在华跨国公司的中外职员在价值取向、相互评价和互动关系等方面进行研究，发现跨国公司在华的文化适应性问题并非想象中那样严重，因为跨国公司已经意识到改变这个文化底蕴深厚国度的国民价值观以适应跨国公司价值观的艰难所在，于是便采取"本土化"战略，从对本土员工进行跨国公司文化价值观培训和吸收本土文化两方面入手，稀释和缓解文化价值观冲突。

林新奇（2004）也曾对"本土化"问题产生过怀疑和思考："对于跨国公司来说，本土化真的是根本和终极的经营模式吗？"他从人力资源视角对跨国公司的本土化进行分析，认为本土化的发展呈现"倒 U 形"结构趋势。跨国公司在刚进入东道国时，由于对当地劳动市场和文化背景不了解，选择当地经理人员的成本较高，风险很大，更倾向于选拔海外经理，此阶段跨国公司的本土化程度较低；随着对当地环境熟悉程度的提高，选择当地经理人的成本和风险降低，当地经理人在跨国公司中所能发挥的作用也越来越大，具有对海外经理的替换功能，此阶段跨国公司的本土化程度得到提高；跨国公司对东道国环境和状况完全把握后，其全球化发展的策略日趋明显。但跨国公司内部多元文化的并存，使得不同文化之间的碰撞、摩擦、冲突和融合等状况不断显现，如何把控这种局势并使其朝着形成文化互补与文化融合的方向发展，需要视野更为宽泛的企业经营者，打破国籍限制的全球经理无疑成为最佳人选。全球人力资源市场的成熟和全球范围内进行高效沟通的实现，降低了寻求全球经理的成本，最终使得聘用全球经理成为可能，此阶段跨国公司的本土化开始回落。

跨国公司子公司面临两种不同的文化适应策略：一种是文化追随策略，也称为"文化学习策略"，即追随和学习当地文化，自己的文化被当地文化改变；一种是文化创新策略，即对当地文化进行能动改变。第一种策略本质上讲便是"本土化"策略，即跨国公司子公司采用"本地化经营"。赵曙明等（2001）认为，对于中国企业而言，鉴于其实力远不如西方跨国公司，学习策略是友好且有效的方式。

本土化实际上是一种融合，是将母公司/母国的文化融入子公司当地的文化之中。企业文化传播的关键在于"是否适合当地的文化环境"，不能生搬硬套。因为多元文化差异的天然性存在使得母公司的管理理念在适应子公司所在地市场思维方面存在很大困难。其最佳解决方式只能是寻求母子双方都能接受的价值观理念。

任何事情都具有两面性，跨国公司本土化也具有这一特征。本土化的优势毋庸置疑，但本土化的劣势也不可忽视。任何文化都是独特的，都会具有先进性的一面，也具有落后性的一面。跨国公司实施本土化策略的关键在于把握好本土化的"度"，即在本土文化的"优、劣"之间寻求一种平衡。在华跨国公司子公司的本土化不可避免的一个层面便是"单位化"（这里的"单位化"概念，根据栗陆莎的理解，主要指在"国有企业、事业单位、政府机关"等特殊文化背景下成长和培养起来的人所具有的思想意识和思维方式，这种人不一定在这些单位工作生活过，只要受到过传统学校和家庭教育的人都会或多或少地具有这种文化，因为学校和家庭本身就是这样一种"单位"），"单位"体制的负面影响远远大于其正面的影响，但若"单位"文化和"单位"体制成为跨国公司子公司的主导文化和体制，形成"单位式"的跨国公司，那跨国公司的发展将会偏离正常的轨道。这种担忧不是无源之水、无本之木，中国文化具有强大的同化功能，无论正向文化还是负向文化皆是如此，"关系"文化在跨国公司在华子公司身上已经有生根之势。一旦跨国公司承载了这种负向文化，不但对跨国公司自身产生危害，中国文化中的"崇洋"心态，也会加大这种文化在中国社会的蔓延，不利于中国文化走向世界。

子公司文化必将是一种在冲突、妥协、融合、新生之后的全新文化，过度的"本土化"将使本土文化侵蚀、垄断子公司文化。在本土文化中的负向因素占上风的情况下进行过度的"本土化"，对跨国公司文化的整个机体将是破坏性的。在转型期的中国环境下，本土化程度越高，"单位化"程度也越高。应调整公司治理结构，在跨国公司母公司成熟的企业文化和本土的"单位"文化之间寻求一种平衡，形成对"单位"意识的一种制约，尽量减少其负面影响。这里需要指出的是，从更宽泛的意义上看，"单位"文化不是中国特殊文化因素的专属，在一些历史悠久、官僚机构庞大的跨国公司内部，"单位"文化也有其挥之不去的身影。

费尔南德斯和安德伍德（2010）将跨国公司高层管理人员关乎中国特征的个人能力归结为谦卑和强势、耐心和速度以及人际关系网络的建立。其中，谦卑和耐心是针对适应中国本土文化而言的，而强势则是指跨国公司在坚守原则和跨国公司文化的核心要素方面不能退让，"在适应所在国商业行为方面走得太远是一种错误"（亦即纯粹的本土化是一种错误），应该在与东道国商业文化接轨和坚守跨国公司文化之间寻求一种平衡。"如果只是简单地按照本地习惯改变自己，你将会失去很多优势。"在处理跨国公司子公司文化时，应该将公司文化放在优先考虑的位置，其次再考虑东道国的文化。

拜耳中国公司员工施德浩认为，在华跨国公司面临两个方面的压力，即"日益全球化的本土公司和日益本土化的全球公司"，特别是对于日益发展壮大的本土公司，他们所采用的商业策略不适用于传统的跨国公司的"标准战法"，也有悖于规范的市场模式要求，是一种不合逻辑的"游击战法"。了解中国本土公司的商业运作方式，与中国公司发展和建立信任关系，需要耐心和时间。

有学者持"海外子公司本土化悖论"这一观点，认为海外子公司处于非常尴尬的文化境况之中。海外子公司所在国文化对子公司文化具有直接影响，子公司必须融入当地文化之中才可能避免两者之间的文化冲突。马春光

（2004）以法国文化为例对此观点进行了诠释。法国是一个文化传统浓厚的国家，人们工作时间短（每周的工作时间为35小时，相当于每个工作日7小时），工资待遇高，在法国的跨国公司不得不考虑法国这种文化特点。跨国公司实施本土化策略，一是不得不考虑法国这种文化，二来所聘用的当地员工必然会将当地的文化和他们在这种文化熏陶下所形成的价值观、工作理念和行为规范带入到企业中去，但同时他们又必须按照企业的要求，融入子公司企业文化之中。本地员工自身的文化价值观烙印在短期内很难改变，根据马春光的分析，跨国公司外籍人员所具有的文化差异非常明显，而子公司的企业文化非但不能消除这些差异，反而强化了这些差异，增加了内部协调的困难性。霍夫斯泰德（Hofstede）也具有同样的发现，跨国公司不同地域子公司的文化差异削弱了子公司的协作能力，影响了母公司的整合能力。

（三）沟通策略

水火之间的矛盾，可以通过"锅"这个中间物进行协调，将水放入锅中，火可将水烧开饮用。假如没有"锅"这个容器，火与水是不能共存的。这就是"沟通"。

1. 正确的角色认知

角色认知是有关一个人与对象之间的真实和理想关系的身份评价。其三要素为：物质自我（身体、仪表、家庭）、社会自我（荣誉、地位以及与他人相互关系）和精神自我（智慧能力、道德水平）。在实际沟通中，要根据环境的变化适时地进行角色转换与角色替代，进行换位思考，突破利己性带来的障碍。

明茨伯格认为，管理者扮演了三大类10种类型的管理角色（人际关系角色，包括挂名领袖、领导者、联络员；信息角色，包括监听者、传播者、发言人；决策角色，包括企业家、危机控制者、资源配置者、谈判者），每种角色对如何进行管理沟通都提出了不同的命题。

2. 有效的沟通模式

"对于沟通者来说，信息真空是最大的敌人，因为总会有人去填充它。"有效的沟通应明了三件事，我们知道什么（what did we know），什么时候知道的（when did we know），如何处置（what did we do about it）。沟通应遵循率先反应、迅速果断、坦诚、分享、及时反馈等原则。

结束语

跨国公司外部面临一个全球化的环境，内部是一个多元化的世界。跨地域、跨文化、跨时空，导致跨国公司内部存在多元化价值观，这是跨国公司诚如此、成如是的基础条件之一。"跨"意味着差异，差异意味着矛盾，矛盾的碰撞将会产生冲突，而其中价值观碰撞引发的冲突最为剧烈。但若能有效地了解、管理并利用这方面的冲突，不仅仅会"化干戈为玉帛"，大家和谐相处；还会产生创新思维、创新理念和创新产品，提高跨国公司的生产力。

价值观既是一个宏观、虚化的概念，又是一个个微观、具体的存在。它既可以统领整个跨国公司的价值导向，又主宰、决定着差异化员工个体的思想和行为。无数的个体价值观散点，在跨国公司这个大熔炉内，经过物理、化学的反应，反复地协调和融合，最终铸为一体，形成跨国公司价值观，统领个体员工的思想和行为。当然，这个价值观铸体具有形体不规则特征，每个价值观个体距离价值观核心的距离并非相同。有的员工个体价值观与跨国公司核心价值观较为贴近，那么员工个体价值观散点与跨国公司核心价值观距离就会越近，受到核心价值观的引力作用就会越大；反之亦然。

如何构建跨国公司核心价值观，既是解决跨国公司内部多元化价值观冲突的本质所在，也是形成跨国公司持续发展动力的关键因素。跨国公司价值观的形成并非一蹴而就，而是随着跨国公司的发展而逐渐形成的。在这个过程中，员工个体价值观对于跨国公司核心价值观形成的作用并非等同，公司高层管理者的价值观发挥决定性作用，中层骨干的价值观起着承上启下的作用，基层员工的价值观是多元化价值观的基础和根本。但不同于物化的垂直管理链条，跨国公司内部价值观不能通过单一的管理来实现统一。价值观一旦形成，具有很强的不可塑性。而员工的价值观在进入企业之前已经基本形成，即便在公司环境的熏陶、感染和有意识培训下会有所改变，但其根本的理念却难以变化。所以，公司在进行招聘环节，就要注意员工价值观与公司价值观的协调性。进入公司之后，员工会在公司核心价值观的引领之下，比较、反思并调整自己的价值观。协调并非意味着绝对的统一或一致，就一个企业的长远发展而言，价值观的绝对统一或一致并非是一个有利因素，和谐的表面现象掩盖了僵化的机制和保守的文化。协调并在一定程度上保持矛盾和冲突，通过不同思想、观点的交流和碰撞，适时地激发企业的创新性和创造力，无疑是解决跨国公司内部价值观冲突的有效策略。该策略的应用效果，取决于对不同文化内涵和思维方式的把握，取决于对统一和差异、和谐和冲突平衡的管控程度。

在越来越多大型跨国公司进驻中国和中国的跨国公司走向世界的时代背景下，跨国公司价值观研究是一个具有现实意义的课题。本研究还存在很多不足之处和可以进一步深化的地方，在以后的研究中需要深入探讨。

参考文献

［1］ Austin J R. A cognitive framework for understanding demographic influence in groups ［J］. International Journal of Organizational Analysis, 1997, 5: 342 – 359.

［2］ Baron R A. Personality and organizational conflict type: A behavior pattern and self monitoring ［J］. Organization Behavior and Human Decision Processes, 1989, 44: 281 – 297.

［3］ Blake, Mouton. The fifth achievement ［J］. Journal of Applied Behavior Science, 1970, 6: 413 – 426.

［4］ Cable D, Judge T. Person – organization fit, job choice decisions, and organizational entry ［J］. Organizational Behavior and Human Decision Performance, 1996, 20: 175 – 184.

［5］ Cameron K S, Quinn R E. Diagnosing and changing organizational culture: based on the competing values framework ［M］. New York: Addison – Wesley Press, 1998.

［6］ Chatman J. Matching people and organizations: selection and socialization in public accounting firms ［J］. Administrative Science Quarterly, 1991, 36: 459 – 484.

［7］ Choi T Y, Liker J K. Value orientations, communication networks, and their effects on continuous improvement ［J］. Academy of Management Best Papers Proceedings, 1993: 289 – 293.

［8］ Chow C W, Shields M D, Wu A. The importance of national culture in the design of and preference for management controls for multi – national operations ［J］. Accounting, Organizations and Society, 1999, 24: 441.

［9］ Cooke R A, Rousseau D M. Behavioral norms and expectations: a quantitative approach to the assessment of organizational culture ［J］. Group and Organization Studies, 1988, 13: 246 – 273.

［10］ Denison D, Mishra A. Toward a theory of organizational culture and effectiveness [J]. Organization Science, 1995, 6: 204 – 223.

[11] Dunning J H. Towards an electric theory of international production: some empirical test [J]. Journal of International Business Studies, 1980 (2).

[12] Evans G. Demark: pinstripes versus the trinity [J]. Euromony, 1991, (1): 63 – 66.

[13] Heenan D A, Perlamutter H V. Multinational organizational development [M]. Reading MA: Addison – Wesley, 1979.

[14] Hickson D J, Pugh D S. Management world – wide: distinctive styles amid globalization [M]. London: Penguin, 2001.

[15] Hofstede G, Neuijen B, Ohayv D D, et al. Measuring organizational cultures: a qualitative and quantitative study across twenty cases [J]. Administrative Science Quarterly, 1990 (35): 286 – 316.

[16] Hofstede G, Bond M H, Luk C. Individual perceptions of organizational cultures: a methodological treaties on levels of analysis [J]. Organization Studies, 1993, 14: 483 – 503.

[17] Hofstede. Geert Culture and organizations [M] . Britain: Harper Collins, 1991.

[18] Jackson S E, Brett J F, Sessa V I, et al. Some differences make a difference: individual dissimilarity and group heterogeneity as correlates of recruitment, promotions, and turnover [J]. Journal of Applied Psychology, 1991, 76: 675 – 689.

[19] Jehn K A. The third way of cross – cultural conflict resolution [J]. Global Economics Trends, 2001: 7.

[20] Kiling P. Strategies for joint venture success [M]. London: Croom Helm, 1983.

[21] Kroeber, Parson. The concept of culture and social system [J]. American Sociological Review, 1958, 23.

[22.] Liedtka J. Organizational value contention and managerial mindsets [J]. Journal of Business Ethics, 1991 (10): 543 – 547.

[23] Rahim M A. Toward a theory of managing organizational conflict [J]. The International Journal of Conflict Management, 2002, 13: 206 – 235.

[24] Rahim M A. Managing conflict in organizations [J]. London: 2001: 37.

［25］Marks M，Mirvis P. Rebuilding after the merger：dealing with survivor sickness ［J］. Organizational Dynamics，1992，21（2）：18 – 32.

［26］Milliken F J，Martins L. Searching for common threads：understanding the multiple effects of diversity in organizational groups ［J］. Academy of Management Review，1996，21：403.

［27］Rokeach M. Change and stability in American value systems ［J］. Public Opinion Quarterly，1974，38（2）：190 – 222.

［28］Nahavandi A R，Malekzadeh. Acculturation in merger and acquisitions ［J］. Academy of Management Review，1998，13（1）.

［29］Nahavandi A R，Malekzadeh. Organizational cultural in the management of merger ［M］. London：Quorum Books，1993.

［30］O'Reilly C A，Chatman J A，Caldwell D. People and organizational culture：a profile comparison approach to assessing person – organization fit ［J］. Academy of Management Journal，1991（3）.

［31］Ouchi W. Theory Z reading ［M］. Massachusetts：Addison – Wesley Publishing，1981.

［32］Peters T J，Waterman R H. In search of excellence ［J］. Sydney：Harper and Row，1982.

［33］Umiker W. Organizational culture：The role of management and supervisors ［J］. Health Core Supervisor，1999. 17（4）：22 – 27.

［34］Picker I，Shapiro H D. Mergers and acquisitions：strategic is the world ［J］. Institutional Investor，1991（1）：74 – 81.

［35］Pondy L R. Organizational conflict：concepts and models ［J］. Administrative Science Quarterly，1967，12：296 – 320.

［36］Posner，Kouzes，Schmidt. Shared values make a difference：an empirical test of corporate culture ［J］. Human Resource Management，1985，24（3）：293 – 309.

［37］Pruitt D G，Rubin J Z，Kim S H. Social conflict：escalation，stalemate and settlement ［M］. New York：McGraw – Hill，1994.

［38］Harrison R. How to describe your organization's culture ［J］. Harvard Business Review，1972：119 – 128.

［39］Rokeach M R. The nature of human values ［M］. New York：The Free

Press，1973.

[40] Schein E H. Organizational culture and leadership ［M］. San Francisco：Jossey – Bass，1985.

[41] Schneider B，Goldstein H W. The ASA framework：an update ［J］. Personal Psychology，1995（48）：747 – 773.

[42] Siehl C，Martin J. Organizational culture：a key to financial performance? ［M］. San Francisco：Jossey – Bass，1990.

[43] Stryker，Richard，Serpe. Roles and social behavior ［M］. New York：Springer – Verlag. 1982：302.

[44] Tayeb M. Organizations and national culture：methodology considered ［J］. Organization Studies，1994，15（3）：429 – 447.

[45] Wall J A，Jr，Callister R R. Conflict and its management ［J］. Journal of Management，1995，21（3）：515 – 558.

[46] Wiener Y. Forms of value systems：a focus on organizational effectiveness and culture change and maintenance ［J］. Academy of Management Review，1988，13（4）：534 – 545.

[47] 肯尼迪，迪尔. 公司文化 ［M］. 印国有，等，译. 北京：生活·新知·读书三联书店，1989.

[48] 罗杰斯，雷诺. 并购中的企业文化整合 ［M］. 干春晖，等，译. 北京：中国人民大学出版社，2004：53 – 57.

[49] 霍尔特，维吉特. 跨国管理 ［M］. 北京：清华大学出版社，2005：17.

[50] 沙因. 企业文化与领导 ［M］. 朱明伟，等，译. 北京：中国友谊出版公司，1989.

[51] 沙因. 企业文化：理论和实践的展望 ［M］. 张庆洪，等，译. 上海：知识出版社，1990.

[52] 琼潘纳斯，特纳. 在文化的波涛中冲浪：理解工商管理中的文化多样性 ［M］. 关世杰，译. 北京：华夏出版社，2003.

[53] 哈贝，克罗克，陈. 并购整合：并购企业成功整合的七个战略 ［M］. 北京：机械工业出版社，2003.

[54] 科特，斯克特. 企业文化与经营业绩 ［M］. 北京：华夏出版社，1997.

［55］克莱门特，格林斯潘．并购制胜战略：实用并购规划和整合策略指南［M］．王华玉，译．北京：机械工业出版社，2003：290－312.

［56］道尔顿，恩厄斯特，迪尔，等．成功的全球化管理者：如何进行跨地区、跨国家与跨文化管理［M］．王俊杰，译．北京：中国人民大学出版社，2005：52－55.

［57］乔恩特，沃纳．跨文化管理［M］．卢长怀，孙红英，杨洁，译．东北财经大学出版社，1999.

［58］罗森斯基．跨文化教练：驾驭国家、公司和职业差异的新型工具［M］．冯云霞，贾晓莉，王蕾，译．北京：中国人民大学出版社，2006.

［59］路易斯．文化冲突与共融［M］．关世杰，译．北京：新华出版社，2002.

［60］施耐德，巴苏科斯．跨文化管理［M］．石永恒，译．北京：经济管理出版社，2003.

［61］施耐德，巴苏科斯．跨文化管理［M］．石永恒，译．北京：经济管理出版社，2003.

［62］泰勒，伯纳特．原始文化［M］．连树声，译．上海：上海文艺出版社，1992.

［63］白彤东．作为普适价值的儒学［N］．南方周末，2014－4－3.

［64］彼得，康戴夫．冲突事务管理—理论与实践［M］．上海：上海世界图书出版公司，1998.

［65］陈春花，刘晓英．企业并购中的文化整合［J］．中外管理，2002（005）：38－40.

［66］陈国赏．全球化背景下的文化冲突与融合［J］．浙江学刊，2005（2）.

［67］陈捷．冲突管理决策的结构模型及其动态过程研究［D］．浙江：浙江大学，1998.

［68］陈娟．企业跨文化冲突管理［D］．武汉：武汉理工大学，2012.

［69］陈庆修．以全球化为背景重塑企业文化［J］．管理科学文摘，2002，3.

［70］陈维政，忻蓉，安逸．企业文化与领导风格协同性实证研究［J］．管理世界，2004（2）.

［71］陈章龙．价值观研究［M］．南京：南京师范大学出版社，2004：11.

［72］陈章龙．论主导价值观［M］．南京：江苏人民出版社，2006：257.

［73］程菊裴，叶利贞．论冲突的防范与解决［J］．浙江大学学报：社科版，1996（2）．

［74］戴万稳．跨文化组织学习能力研究［M］．南京：南京大学出版社，2007：35．

［75］雷恩．管理思想的演变［M］．赵睿，等，译．北京：中国社会科学出版社，2000．

［76］董林雪英．跨国经理人的全球化难题［J］．中国企业家，2001（1）：54－55．

［77］范徵．合资经营与跨文化管理［M］．上海：上海外语教育出版社，1993．

［78］范徵．跨文化管理：全球化与地方化的平衡［M］．上海：上海外语教育出版社，2014：4－5．

［79］特龙彭纳斯，汉普登特纳．在文化的波涛中冲浪：理解工商管理中的文化多样性［M］．北京：华夏出版社，2003：170－171．

［80］干春晖．并购经济学［M］．北京：清华大学出版社，2004：153．

［81］高津华．欧美在华企业的跨文化管理研究［D］．上海：复旦大学，2007．

［82］郭盘江．价值观多元态势下的社会主导价值构建［J］．南方论坛，2009（5）．

［83］赫斯科维茨．文化相对主义－多元文化观［M］．纽约：蓝天出版社，1972：32－33．

［84］侯继勇．对话柳传志："中国式跨国公司"是怎样炼成的［J］.21世纪经济报道，2011（11）．

［85］费尔南德斯，安德伍德．关系：跨国CEO的中国经验［M］．孙达，译．上海：译文出版社，2010：21．

［86］胡军．跨文化管理［M］．广州：暨南大学出版社，1995．

［87］胡巍．管理沟通与领导力开发［M］．北京：清华大学出版社，2009：165．

［88］胡文慧．组织价值观冲突理性管理的实质内涵探悉［J］．管理世界，2012（5）．

［89］黄江泉．企业内部人际关系资本化研究［M］．湖南：湖南人民出版社，2011：36－37．

［90］黄进，候均生．西方社会学理论教程［M］．天津：南开大学出版社，2001．

［91］黄进．价值冲突与精神皈依［M］．南京：南京师范大学出版社，2010：125－241．

［92］黄青．跨国公司文化冲突和融合及跨文化管理策略［J］．当代经济，2011（5）．

［93］黄书光．价值观念变迁中的中国德育改革［M］．南京：江苏教育出版社，2008：61．

［94］黄希庭，等．我国城市青少年学生价值观的调查［J］．心理学报，1989，21（3）：274－283．

［95］贾国华．吉登斯的自我认同理论评述［J］．哲学，2013（5）．

［96］姜玉静．员工满意度与组织绩效关系研究［D］．北京：北京交通大学，2006．

［97］霍金森．领导科学［M］．昆明：云南人民出版社，1987：35．

［98］郎淳刚，席酉民，郭士伊．团队内冲突对团队决策质量和满意度影响的实证研究［J］．管理评论，2007，19（7）：12．

［9］乐潇．当代中国人价值观研究［D］．武汉：武汉理工大学，2012．

［100］李好好，孔令锋．在华跨国公司人力资源政策研究［M］．北京：经济管理出版社，2007．

［101］李昭熙．中外合资企业管理［M］．北京：企业管理出版社，1990．

［102］狄乔治．国际商务中的诚信竞争［M］．翁绍军，马迅，译．上海：上海社会科学院出版社，2001：21．

［103］帕斯卡尔，阿索斯．成功之路——美国最佳管理企业的经验［M］．北京：中国对外翻译出版社，1984．

［104］栗陆莎．走出单位：中国员工单位心态分析［M］．北京：北京出版社，2006．

［105］林新奇．国际人力资源管理，［M］．上海：复旦大学出版社，2004．

［106］刘华成，单鑫．组织文化的核心：组织价值观［J］．人才资源开发，2003（11）．

［107］刘杰．全球化境域中的跨文化管理［D］．苏州：苏州大学，2003．

［108］刘世雄．中国消费区域差异特征分析：基于中国当代文化价值的实证研究［M］．上海：上海三联书店，2007．

［109］刘炜．企业内部冲突管理研究［M］．北京：首都经济贸易大学出版社，2009．

［110］刘小新．当代中国价值观多元化的几点思考［J］．首都师范大学学报：社会科学版，2005（3）：38－42．．

［111］刘轩，章建石，石晓勇．职业价值观视野下的员工招聘与企业文化建设［J］．华东经济管理，2005（7）：53－55．

［112］刘永强，赵曙明．跨国公司组织文化与人力资源管理协同研究：知识创新视角［J］．中国工业经济，2005（6）．

［113］刘志毅，朱姝．"最牛工会"与沃尔玛的战争［N］．南方周末，2014－4－3．

［114］刘重霄，往春花，蒋立珠．跨国公司工作语言全球化与本土化研究［J］．首都经济贸易大学学报，2009（6）．

［115］罗宾斯．管理学．第4版［M］．北京：中国人民大学出版社，1994：14－15．

［116］罗瑟尔，阿川．领导力教程：理论、应用与技能培养［M］．史锐，杨玉明，译．北京：清华大学出版社，2008：208．

［117］马春光．国际企业跨文化管理［M］．北京，对外经济贸易大学出版社，2004．

［118］马新建．冲突管理：基本理念与思维方法的研究［J］．大连理工大学学报，2002（9）：19－25．

［119］缪仁炳．创业导向的文化根基：基于温州与关中地区两地的实证分析［M］．上海：上海三联书店，2006：93．

［120］里希特．亨廷顿"文明冲突论"错在哪里？［N］．参考消息，2013－08－27．

［121］约恩特，华纳．跨文化管理［M］．卢长怀，孙红英，杨洁，译．大连：东北财经大学出版社，1999．

［122］彭永东，朱平．当代中国社会多元价值观理论研究［J］．安庆师范学院学报：社会科学版，2011（12）：94－97．

［123］恩格勒．面向行动的经济伦理学［M］．高国希，等，译．上海：上海社会科学出版社，2001：20－21．

［124］邱立成，陈渝．在华跨国公司管理本土化及其影响分析［J］．北京行政学院学报．2005（1）：29－34．

［125］纳米，达凌．国际管理与领导［M］．周林生，译．北京：机械工业出版社，2000．

［126］萨特．存在与虚无［M］．北京：生活·读书·新知三联书店，1969：38．

［127］王湲，克莱格．组织价值观的二分性对决策的影响［J］．中国人民大学学报，2003（3）：85－93．

［128］宋毅，何国祥．耗散结构论［M］．北京：中国展望出版社，1986．

［129］施奈德，巴尔索克斯．跨文化管理［M］．北京：经济出版社，2002：338－382．

［130］孙英春．跨文化传播学导论［M］．北京：北京大学出版社，2008．

［131］狄尔，肯尼迪．公司文化［M］．印国有，等，译．北京：生活·新知·读书三联书店，1989．

［132］狄尔，肯尼迪．企业文化：企业生活中的礼仪与仪式［M］．北京：中国人民大学出版社，2008：12－14．

［133］谭小宏，秦启文．组织价值观结构的实证研究［J］．心理科学，2009（2）．

［134］汤正华．中西管理伦理比较研究［D］．南京：南京理工大学，2005．

［135］堂炎钊，张丽明，陈志斌．中国企业跨国并购文化整合方案探究［M］．北京：中国经济出版社，2012．

［136］迪尔，肯尼迪．企业文化：现代企业的精神支柱［M］．上海：上海科学技术文献出版社，1989．

［137］田奋飞．企业竞争力研究［M］．北京：中国经济出版社．2005：109．

［138］万涛．冲突管理［M］．北京：清华大学出版社，2012：3．

［139］万晓兰．论中国本土人才对跨国公司文化的适应性与冲突［J］．江西社会科学，2005（10）．

［140］王爱林．企业并购中的文化整合［J］．中外管理导报，2002

（002）：59－61．

[141] 王春光，方文．文化适应与合作：对跨国公司在中国所面临的一个重要层面的调查研究 [J]．浙江社会科学，2001 (5)．

[142] 王菲．跨国战略联盟中文化冲突研究 [D]．辽宁：辽宁大学，2010．

[143] 王宏维．社会价值：统摄与驱动 [M]．北京：人民出版社，1995：104．

[144] 王箐，覃安基．跨国公司文化管理浅析：以霍夫斯泰德文化维度理论为导向 [J]．人民论坛，2012 (9)：184－185．

[145] 王威．价值观多元背景下学校价值观教育模式的构建 [D]．河北：河北师范大学，2008．

[146] 王伟民．社会转型时期价值观冲突的特点与解决的对策 [J]．西北工业大学学报：社会科学版，2003 (9)：13－17．

[147] 王晓春．价值观契合与企业文化文本 [M]．北京：经济管理出版社，2012．

[148] 大内．Z 理论：美国企业如何迎接日本的挑战 [M]．北京：中国对外翻译出版社，1984．

[149] 维克托，卡伦．道德工作风气的组织基础 [J]．管理科学季刊，1988 (3)：101－125．

[150] 魏杰．企业文化塑造 [M]．北京：中国发展出版社，2002：12．

[151] 魏钩，张德．中国传统文化影响下的个人与组织契合度研究 [J]．管理科学学报，2006 (6)．

[152] 吴维库．以价值观为本 [M]．北京：机械工业出版社，2012．

[153] 吴勇．我国政府采购中寻租行为及其对策研究 [D]．南京：南京师范大学，2009．

[154] 武田耕一．人与组织 [M]．王艳平，译．东北财经大学出版社，2005：212－221．

[155] 阎世平．制度视野中的企业文化 [M]．北京：中国时代经济出版社，2003．

[156] 杨国枢．中国人的价值观——社会科学观点 [M]．台湾：桂冠图书公司，1994：266－267．

[157] 易楚君．中美文化价值观文化差异对联想整合 IBM PC 部门的影

响 [D]. 武汉：武汉理工，2010.

[158] 易加斌. 跨国公司母子公司知识冲突、沟通与知识转移绩效关系研究 [D]. 成都：西南交通大学，2012.

[159] 尹雪萍. "矛盾学说"与"冲突理论"相关问题比较研究 [J]. 华中理工大学学报：社会科学版，1996 (4)：8 – 11.

[160] 余凯成. 人力资源管理 [M]. 大连：大连理工大学出版社，2000.

[161] 余凯成，程文文，陈维政. 人力资源管理 [M]. 大连：大连理工大学出版社，2000.

[162] 俞文钊，贾咏，汪解，等. 合资企业的跨文化管理 [M]. 北京：人民教育出版社，1996.

[163] 俞文钊. 企业中的激励因素与去激励因素研究 [J]. 应用心理学，1991 (1)：6 – 14.

[164] 袁安府，任国良. 员工多元化的逻辑框架及其理论进展 [J]. 社会科学战线，2011 (6)：247 – 249.

[165] 袁贵仁. 价值观的理论与实践 [M]. 北京：北京师范大学出版社，2006：130.

[166] 袁鸿，马建勇. 跨文化人力资源管理——全球化背景中企业成功的关键 [J]. 科技情报开发与经济，2007 (17)：247 – 253.

[167] 曾昊，马力，王南. 企业文化测量研究评述 [J]. 中国地质大学学报，2011 (4).

[168] 张广宁. 在华合资企业核心员工跨文化管理研究 [M]. 北京：经济管理出版社，2011：4.

[169] 张广智，张广勇. 史学文化中的文化：文化视野中的西方史学 [M]. 杭州：浙江人民出版社，1990.

[170] 张劲松. 论全球治理过程中的中西价值观冲突及其消除 [J]. 学海，2008 (4)：65 – 71.

[171] 张静. 全球化背景下跨国公司伦理沟通研究 [D]. 上海：上海外国语大学，2010：36.

[172] 张立火，武玲玲. 跨国公司跨文化管理下民族文化对组织文化的挑战 [J]. 商业时代，2013 (29)：95 – 96.

[173] 张伟. 解决多元价值的四个悖论：社会主义核心价值体系的整合

之道 [J]. 求实, 2008 (11): 21 - 23.

[174] 张新胜. 国际管理学: 全球化时代管理 [M]. 北京: 中国人民大学出版社, 2002.

[175] 张新胜, 王湲, 拉索尔, 等. 国际管理学 [M]. 北京: 中国人民大学出版社, 2002: 183 - 185.

[176] 张振华. 合作博弈和组织管理基本模式价值观的建立 [J]. 当代经济研究, 2005 (9): 38 - 40.

[177] 章明明, 韩万厉. 心理冲突的理论研究评述 [J]. 广西社会科学, 2006 (6): 158 - 161.

[178] 赵春华. 论我国社会转型期的价值观冲突与构建 [J]. 华北电力大学学报: 社会哲学版, 2007 (10).

[179] 赵曙明, 道林, 韦尔奇. 跨国公司人力资源管理 [M]. 北京: 中国人民大学出版社, 2001.

[180] 赵曙明. 国际企业: 跨文化管理 [M]. 南京: 南京大学出版社, 1994.

[181] 赵曙明, 等. 跨国公司人力资源管理 [M]. 北京: 中国人民大学出版社, 2001: 125.

[182] 赵晓霞. 跨过人力资源管理 [M]. 北京: 社会科学文献出版社, 2011.

[183] 郑伯埙. 组织文化与员工效能: "加权与差距模式" [J]. 中华心理学刊, 1993 (1).

[184] 郑伯埙. 组织文化价值观: 概念与测量 [J]. 中华心理学刊, 1990 (1).

[185] 周凌霄. 东道国文化环境对跨国公司投资行为的影响及启示 [J]. 现代经济探讨, 2007 (1): 82 - 84.

附录一　跨国公司内部价值观冲突调查问卷

尊敬的女士/先生：

　　您好！首先感谢您在百忙之中来参与此次调查问卷。我是首都经济贸易大学的一名博士生，正在从事毕业论文的撰写工作。为了真实而全面地了解跨国公司内部价值观冲突的状况，理顺价值观冲突的脉络，编制了此调查问卷对您进行调查，请您根据真实情况作答，以便形成可靠的分析数据。本人承诺，您提供的资料信息仅用于学术研究，严格保密，再次感谢您的支持和帮助！

　　填写说明：

　　1. 请在您认为恰当的字母上划√。如果您收到的是电子问卷，将您所选字母用红颜色标识即可。如没有提供选项，请您按照实际情况填写。

　　2. 整个调研过程大约用时 15～20 分钟，答案无所谓"对与错"，如实填答即可。

　　3. 您填写的信息对本人而言至关重要，如无特别说明，请务必填答完整。

一、您的基本情况

1. 您的国籍：＿＿＿＿＿＿

2. 您的性别：＿＿＿＿＿＿

　　A. 男　　B. 女

3. 您的年龄：＿＿＿＿＿＿

　　A. 30 岁以下　　B. 30～40 岁　　　C. 40～50 岁　　　D. 50～60 岁

　　E. 60 岁以上

4. 您的婚姻状况：＿＿＿＿＿＿

　　A. 已婚　　B. 未婚

5. 您受教育的程度：_____

    A. 高中   B. 大专   C. 本科   D. 硕士   E. 博士

6. 您是否有过留学或者在国外访学一年以上的经历：_____

    A. 是   B. 否

7. 您在单位的行政级别：_____

    A. 一般职员   B. 基层管理者   C. 中层管理者   D. 高层管理者

二、您所在公司的基本情况

8. 贵公司母公司所在的国家或地区：_____

9. 中国分公司的所在地：_____省_____

10. 您在贵公司的工作年限：_____

11. 母公司的发展时间：_____

    A. 0 ~ 5 年   B. 6 ~ 10 年   C. 11 ~ 20 年   D. 20 ~ 30 年

    E. 30 年以上

12. 贵公司所处的发展阶段：_____

    A. 初建期   B. 成长期   C. 成熟期   D. 衰退期

13. 贵公司的规模：_____

    A. 50 人以下   B. 50 ~ 300 人   C. 300 ~ 2 000 人   D. 2 000 人以上

14. 贵公司的行业属性：_____

    A. 服务业   B. 制造业   C. 高科技产业   D. 其他

15. 贵公司员工的专业背景构成：_____

    A. 都不相同   B. 主要来自几个不同的专业   C. 基本相同

    D. 完全相同

三、价值观描述（进行简单的文字描述）

16. 您的价值观是：_____

17. 贵公司（子公司）的价值观是：_____

18. 贵公司母公司的价值观是：_____

四、公司内部价值观冲突的现状

19. 您的价值观在进入公司前后是否发生过变化？ _____

　　A. 变化很大　　B. 有所变化　　C. 似乎有点变化　　D. 没有变化

20. 这些变化对您的影响性质是？ _____

　　A. 正面的　　B. 负面的　　C. 两者都有　　D. 说不清楚

21. 若发生过变化，您认为导致这种变化的原因是什么？ _____

　　A. 公司文化　　B. 周围同事　　C. 公司领导　　D. 个人经历

22. 您对这种变化的态度是什么？ _____

　　A. 积极接受　　B. 拒绝接受　　C. 顺其自然

23. 您认为改变后的价值观与改变前的价值观存在冲突吗？ _____

　　A. 存在明显冲突　　B. 存在冲突，但不明显

　　C. 存在差别，但不是冲突　　D. 不存在

24. 您认为公司内个体之间冲突的主要原因是什么？ _____

　　A. 利益　　B. 性格　　C. 价值观　　D. 其他

25. 您认为公司内个体间由于价值观发生冲突的频率是： _____

　　A. 几乎每天　　B. 几乎每周　　C. 一般每个月　　D. 很少发生

26. 您认为个体价值观冲突主要发生在什么人之间： _____

　　A. 个人自身　　B. 同级之间　　C. 上下级之间

27. 您认为个体价值观冲突主要发生在什么层次的人之间： _____

　　A. 一般员工　　B. 基层管理人员　　C. 中层管理人员

　　D. 高层管理人员

28. 您认为个体价值观冲突会在那些方面发生影响： _____

　　A. 工作　　B. 人际关系　　C. 家庭生活　　D. 其他

29. 您认为贵公司内人际关系状况： _____

　　A. 很好　　B. 一般　　C. 较差　　D. 糟糕

30. 您认为公司内人际关系的和谐对于公司来说： _____

　　A. 非常重要，有利于公司的快速发展

　　B. 比较重要，保证公司的平稳发展

　　C. 一般，不是公司发展的决定性因素

　　D. 无所谓，与公司的发展没什么关系

31. 您认为个体间的价值观差别能消除或者有必要消除吗？ _____

　　A. 能消除，有必要　　B. 能消除，但没有必要

C. 不能消除，但尽量减少　　D. 不能消除，也没有必要

32. 面对个体价值观之间的冲突时，您的处理原则是？_____

　　A. 针锋相对，让对方屈从自己　　B. 退让，屈从于对方

　　C. 求同存异，和谐相处　　D. 相互融合，相互协调

33. 当个体价值观发生冲突时，您认为需要进行有意识的协调管理吗？_____

　　A. 有必要　　B. 没有必要

　　C. 视具体情况而定。大的冲突有必要，小的冲突没必要

34. 您认为您的个人价值观和公司价值观一致吗？_____

　　A. 完全一致　　B. 大部分一致　　C. 不是太一致　　D. 完全不一致

35. 如果两者存在差别的话，您认为这种差别会导致您与公司之间的冲突吗？_____

　　A. 会导致很大的冲突，比如离职

　　B. 会导致某种程度的冲突，如不满的情绪

　　C. 会导致小冲突，但不会产生实质的影响

　　D. 不会导致什么冲突

36. 您认为个人价值观和公司价值观冲突的原因可能是？_____

　　A. 二者的目标不一致　　B. 二者的判断标准不一致

　　C. 二者处理问题的思路和模式不一致　　D. 二者看问题的角度不一致

37. 您认为个人价值观和公司价值观冲突的结果是？_____

　　A. 公司利益受到损害，对个人没有影响

　　B. 个人利益受到损害，对公司没有影响

　　C. 二者都有损失，但公司损失更大

　　D. 二者都有损失，但个人损失更大

38. 当你的个人价值观和公司价值观发生冲突时，你会如何反应？_____

　　A. 离职　　B. 实施对公司不利的言行发泄　　C. 故意降低工作效率

　　D. 只能内心郁闷

39. 您用来处理与公司价值观冲突的时间占您工作时间的_____

　　A. 5%以下　　B. 5%～10%　　C. 10%～20%　　D. 20%以上

40. 您认为员工都认同贵公司价值观吗，或者说，贵公司有员工共享价值观吗？_____

　　A. 所有员工都认同　　B. 大部分员工认同　　C. 少数员工认同

D. 仅是高管的个人价值观而已

41. 当贵公司母公司所在国与您的祖国（母公司所在国与子公司所在国）发生矛盾时，你会采取何种态度：_____

　　A. 坚决维护自己祖国利益　　B. 维护自己公司利益

　　C. 以个人利益为主　　D. 不知所措

42. 作为跨国公司子公司的职员，您对母公司的文化价值观了解吗？

　　_____

　　A. 非常了解　　B. 大部分都了解　　C. 了解一些，但不多

　　D. 知之甚少

43. 您认为母公司和子公司价值观之间存在冲突吗？_____

　　A. 存在　　B. 不存在　　C. 不清楚

44. 若存在冲突，您认为它们冲突的原因是什么？_____

　　A. 国家间利益矛盾　　B. 二者文化环境不匹配

　　C. 二者发展目标和方向出现分歧　　D. 员工之间的矛盾

45. 您认为母公司和子公司价值观之间冲突的特征是什么？_____

　　A. 深层次矛盾，冲突激烈　　B. 表面冲突，无实质影响　　C. 日常冲突

46. 你认为国家价值观、跨国公司价值观与个人价值观之间的关系是：_____

　　A. 国家价值观＞跨国公司价值观＞个人价值观

　　B. 跨国公司价值观＞国家价值观＞个人价值观

　　C. 个人价值观＞跨国公司价值观＞国家价值观

　　D. 互有交集，无所谓大小

47. 您对价值观冲突的态度是：_____

　　A. 弊大于利，破坏和谐，应尽量避免

　　B. 有利有弊，具体问题具体分析

　　C. 利大于弊，激发新创意，尽量保持

　　D. 该有则有，该亡则亡，顺其自然

附录二　跨国公司本土化的状况

本调查旨在了解跨国公司实施本土化的程度和效果，在您同意的方框内√即可。

序号	问题描述	1	2	3	4	5
		不同意	不太同意	无所谓	基本同意	同意
1	公司注重亲情、友情和裙带关系，强调人际关系					
2	公司注重人的行政和专业技术级别，区别不同级别间的称呼和待遇					
3	公司有规章和制度，但领导往往会根据形势的发展变化做出一些改变，或者实施制度之外的行为					
4	公司强调集体进步和发展的理念，不鼓励张扬的个性和冒尖的行为					
5	公司关注归属感，强调员工的忠诚与奉献					
6	公司不鼓励个人表达自己的意见，希望员工矜持、听从、容忍					
7	无论何种矛盾，公司都不希望公开化，而是希望私下解决					
8	公司喜欢口号上的宣传，进行一些务虚的活动					
9	公司倾向制定长期的规划，分批、分阶段的完成					
10	公司的同级之间、上下级之间信息沟通不明确，很多需要推测和猜测					

序号	问题描述	1	2	3	4	5
		不同意	不太同意	无所谓	基本同意	同意
11	公司内有党员组织和代表，在公司的重大决策时，党员代表可能参与决策					
12	对于公司的重大决策，公司更倾向采取民主集中制、少数服从多数的原则					
13	员工家庭发生重大变故时，公司领导会进行慰问					
14	在批评和表扬之间，公司更喜欢采取批评的方式					
15	员工犯错误时，公司很少当众公开批评，而是隐晦的暗示					
16	公司关注与当地政府部门和党政领导的关系					

附录三　跨国公司母、子公司价值观状况

本调查旨在了解跨国公司母、子公司价值观状况，在您同意的方框内√即可。

序号	问题描述	1 不同意	2 不太同意	3 无所谓	4 基本同意	5 同意
1	我认同母公司的价值观					
2	我认同母公司的工作人员在子公司的领导风格					
3	我认同母公司在子公司实施的管理模式					
4	母、子公司管理模式应该一致					
5	母公司的管理人员应该鼓励当地本土职员接受母公司的价值观					
6	子公司应该规避母公司所在国和东道国价值观的差异，避免冲突					
7	子公司应该遵守东道国的文化和风俗习惯					
8	子公司应该遵守东道国的法律、法规					
9	子公司应该尊重每一位员工的价值观，允许内部多种价值观并存					
10	子公司的价值观应该和母公司一致					
11	子公司的价值观应该和东道国价值观一致					
12	子公司应该有既不同于母公司、又不同于东道国的自己的独立文化和价值观					
13	母公司在国外建立子公司时，国家的选择很重要，若国家间文化差异太大，子公司经营可能失败					
14	不同国家价值观在解决问题时风格不同，使得跨国公司解决内部冲突的困难加大					

附录四 跨国公司员工文化价值观现状（霍夫斯泰德的文化维度）

第一部分 个人主义/集体主义

序号	问题描述	1 不同意	2 不太同意	3 无所谓	4 基本同意	5 同意
1	当团队发生意见分歧时，坚持自己的意见					
2	在集体中工作比一个人工作好					
3	集体智慧胜一人					
4	喜欢有自己独立自由的工作方式和决定权力					
5	公司加强归属感建设很重要					
6	希望工作中多一点时间留给自己					
7	喜欢和别人分享					

第二部分 男性度/女性度

序号	问题描述	1 不同意	2 不太同意	3 无所谓	4 基本同意	5 同意
1	注重工作环境舒适					
2	公司应该给予员工更多的闲暇享受生活					
3	男人将职业视为事业，女人将家庭视为事业					
4	公司应该关注员工的家庭生活					
5	最希望有提升的机会和高薪水					
6	最为关注单位同事对自己工作的认可					
7	最开心的事就是能和同事和谐相处					

第三部分　权利距离

序号	问题描述	1 不同意	2 不太同意	3 无所谓	4 基本同意	5 同意
1	下级应该完全信赖并服从上级					
2	领导应该有自己的主见，不要在乎员工的看法					
3	尽管员工有不同意见，也只能保留					
4	员工应该积极参与公司的决策					
5	无私的奉献和忠诚是优秀的品质					
6	好经理应该详尽地告诉员工如何去做，而不是简单地命令					
7	即便为了公司的利益，也不能破坏公司的规定					

第四部分　不确定性规避

序号	问题描述	1 不同意	2 不太同意	3 无所谓	4 基本同意	5 同意
1	不做出头鸟					
2	希望在公司稳定地工作					
3	工作中最好有明确的规定和工作流程					
4	与小公司相比，大公司机会多，所以是更佳选择					
5	公司应该经常改变政策和做法					
6	在一个地方干得越久，职位越稳定					
7	公司允许有不同意见的存在					

第五部分　长期/短期导向

序号	问题描述	1 不同意	2 不太同意	3 无所谓	4 基本同意	5 同意
1	社会发展太快，公司应关注眼前收益，得赚且赚					
2	公司的发展应着眼于长远，宁可先赔后赚					

附录五 跨国公司子公司高管调查问卷

本调查旨在通过高管的了解和认识，获取公司内价值观状况。在您同意的方框内√即可。

序号	问题描述	1 不同意	2 不太同意	3 无所谓	4 基本同意	5 同意
1	花很多时间协调母公司期望与子公司现状的矛盾					
2	对员工的期望与员工的实际行为之间存在差距					
3	员工不喜欢参与公司事务，但却喜欢私底下议论					
4	员工对公司的忠诚度不够					
5	很难找到与公司价值观一致的员工					
6	在价值观上，员工过于注重个人的短期利益					
7	与同级协商问题时，大家不喜欢说出真实想法					
8	员工过于计较个人得失，团队意识淡薄					
9	公司改变了我					
10	我改变了公司					
11	公司的规章制度不能很好地执行实施，对企业造成了困扰					
12	母公司制度与当地文化不一致					
13	与母公司保持密切联系，保证子公司方向正确					
14	通过培训，了解跨国公司和东道国文化风俗					

附录六　跨国公司子公司个人价值观调查问卷

本调查旨在通过个人价值观了解和认识，获取公司内价值观状况。在您同意的方框内√即可。

序号	问题描述	1	2	3	4	5
		不同意	不太同意	无所谓	基本同意	同意
1	大家的价值观很相似					
2	大家对公司目标的认识是一致的					
3	公司内工作中个体间激烈争论的频率很高					